劳动合同法
看图一点通

维权帮 著

中国法制出版社
CHINA LEGAL PUBLISHING HOUSE

致亲爱的读者

人的一生，不可避免地会遇到很多法律问题。衣食住行、婚姻继承、劳动就业……各种领域都蕴含着无尽的法律问题。但现实生活中，不少公民却法律意识淡薄，对一些关乎自身利益的法律知识一无所知或者一知半解。不懂法的结果就是：吃亏了都不知道怎么回事，被告上法庭还不知道自己错在哪儿，受了窝囊气却不知道如何维护权益，让公司辞退了不知道怎样据理力争……

学习法律，是一件利人利己的事。随着 2020 年我国《民法典》的出台，全国上下掀起了一股学习法律的高潮，让法律服务生活，让法律规范秩序、让法律服务你我成为大众看待法律的新视角。越来越多的人愿意关注法律、依法办事和维权。

在此，为了帮助读者知法、懂法，进而更好地守法、用法，依法办事和维权，我们编写了“看图一点通”系列，本系列丛书的主要特色如下：

一、兼具全面性与时代性

丛书以读者的生活、工作、学习为出发点，设置了若干分册，基本覆盖了各领域的法律知识点，极具全面性；并且，丛书围绕如《民法典》《土地管理法》等新颁布或修正的法律，结合当前社会生活实际，提炼了大量“热点问题”，具有很强的现实意义，相信一定能给读者以代入感，从而激发读者学法的积极性。

二、大众能够看得懂

百姓不懂法，很大程度上是由于法律条文和法律图书枯燥难懂。本丛书尽力避免法律图书严谨有余而通俗不足的通病，将原本枯燥难懂的法律知识用短小、简单的案例表现出来。案情介绍简洁流畅，法律讲堂切中要害，对法律知识的解说深入浅出，避免使用艰深的法律术语，行文通俗，贴近百姓生活。同时，本丛书配有一些辅助理解的场景插画，让读者朋友们轻轻松松读懂法律。

三、读者一定能用得上

丛书的每一个分册都涵盖了与该领域相关的重要、常用的法律知识，选取的多是典型的真实案例。而法律讲堂部分给出的结论一般是法院通行的判决结果，并附有对应的法律条文依据。读者可以从中查询更多、收获更多。

四、方便阅读与检索

遇到法律问题后，读者朋友可以直接通过查询本书目录，找到相关问题，查看相关案例和点评，找到法律依据，还可以随用随查一部分文书范本。本丛书就像是读者朋友的“私人法律顾问”，遇到法律问题“照方抓药”即可。

五、纠纷能得到顺利合理解决

丛书所选问题常见多发，所选案例典型常见，法律讲堂切中要点，法律依据来源准确，文书范本随用随查，还有“私人法律顾问”般的善意提醒和诉讼指导。有了这一切，相信您的麻烦和纠纷一定能得到顺利合理解决，您的烦恼也会一去不复返！

目录

第1章 认识劳动合同

1　1　什么是劳动合同？
4　2　劳动合同可以是口头的吗？
7　3　订立劳动合同时应该遵循哪些原则？
9　4　什么是无固定期限劳动合同？
12　5　什么是集体合同？

第2章 如何订立劳动合同

15　6　劳动合同签订后，单位可以将劳动合同扣留不给员工留存吗？
17　7　新员工报到后多久签劳动合同？
19　8　用人单位能以办手续为由扣押劳动者的身份证吗？
21　9　签订劳动合同时，用人单位有权向员工收取培训费吗？
23　10　就业协议能代替劳动合同吗？
25　11　未签订劳动合同，但劳动关系已经确立，劳动者权益该如何保障？
27　12　包工计件是否需要签订劳动合同？
29　13　到分公司工作是否需要与总公司签订劳动合同？
32　14　劳动合同中可以约定“当劳动者绩效不佳时该合同自行终止”吗？

34 15 我国的《劳动合同法》也适用于与外资企业有关的劳动关系吗？
36 16 非全日制工也需要和用人单位订立劳动合同吗？
38 17 劳动者拒绝与用人单位签订劳动合同，该怎么处理？

第3章 如何解除劳动合同

40 18 用人单位损害劳动者的权益，劳动者可以解除劳动合同吗？
42 19 用人单位未按劳动合同约定支付报酬，劳动者有权单方解除劳动合同吗？
45 20 疫情期间，用人单位能与无法上班的疫区滞留人员解除劳动合同吗？
48 21 用人单位能否因劳动者在上班路上出车祸失去工作能力而将其解聘？
51 22 劳动者雇人代替自己上班，用人单位有权解聘该劳动者吗？
53 23 用人单位无故单方面强行解除合同，需要承担什么责任？
56 24 在什么情况下，劳动者可以不通知用人单位而随时解除劳动合同？
58 25 用“末位淘汰制”解聘员工合法吗？
60 26 公司因经营困难裁员，能否要求员工当天离职？
63 27 用人单位能否因劳动者患精神疾病而将其辞退？
65 28 劳动者有权随时辞掉非全日制工作吗？
67 29 用人单位可以拒绝给员工开具劳动合同解除证明吗？
69 30 法律对解除劳动合同关系的证明有什么规定？

71 31 负有保密义务的人员离职，应该得到公司的经济补偿吗？
73 32 企业精减人员，能否将即将退休的老员工辞退？
75 33 公司有权要求出卖公司客户信息的员工进行赔偿吗？
77 34 劳动者拒绝接受工作安排，用人单位可以解聘该劳动者吗？
80 35 女职工怀孕期间，无论如何用人单位也不能将其开除吗？
83 36 合同期间因读研而辞职，是否需要支付违约金？
85 37 劳动者被判刑时，用人单位与其解约是否需要补偿？
87 38 用人单位违法解除劳动合同时，劳动者有权同时要求补偿金和赔偿金吗？
90 39 劳动者离职后，用人单位有权不返还职工档案吗？
92 40 劳动关系解除后，用人单位能否马上销毁劳动合同？

第4章 什么样的劳动合同才有效

94 41 劳动者有欺诈行为，其与用人单位签订的劳动合同是否有效？
97 42 劳动合同到期后未续约但继续工作，合同是否继续有效？
99 43 用人单位有权擅自调换劳动者的工作岗位吗？
101 44 劳动合同中可以约定“发生伤亡事故本公司概不负责”吗？
103 45 劳动合同中的部分条款无效，该劳动合同有效吗？

105 46 当用人单位与其他单位合并时，劳动者与原用人单位的劳动合同是否继续有效？
107 47 劳动者签订了无效的劳动合同，但已付出了劳动，那么该劳动者有权获得报酬吗？

第5章 劳动合同的履行与变更

109 48 非全日制用工的薪酬是怎样计算的？
111 49 非全日制用工有时间限制吗？
113 50 劳动合同中让职工加班的强制性规定有效吗？
115 51 劳动者拒绝加班，用人单位可以扣发工资吗？
117 52 用人单位变更负责人，会影响劳动合同的履行吗？
119 53 劳动合同可以随时变更吗？

第6章 劳动合同纠纷的处理

121 54 因疫情不能申请劳动争议仲裁的，时效会耽误吗？
124 55 当事人申请劳动争议仲裁后，还可以自行和解吗？
126 56 职工亲属可以举报用人单位的违约行为吗？
128 57 无效劳动合同给劳动者造成损害怎么办？
130 58 用人单位被吊销营业执照，劳动者该怎么办？
133 59 用人单位在合同未到期时辞退员工，需要赔偿吗？
135 60 对于违反竞业限制的劳动者应该如何处理？
137 61 发生劳动争议后，可以不经劳动仲裁直接向法院提起诉讼吗？
140 62 违法招用劳动者，给劳动者造成损害谁担责？

142 63 以威胁手段强迫劳动者进行劳动的行为违法吗？
144 64 用人单位体罚劳动者是否应该承担责任？
146 65 因职工工伤而依法终止劳动合同，用人单位应该给予哪些补偿？
149 66 因任务完成而终止劳动合同，劳动者会因此而得到补偿吗？
151 67 员工与公司领导之间的个人矛盾是否属于劳动争议？
154 68 工会如何发挥维护劳动者合法权益的职能？

第7章 试用期与服务期问题

156 69 劳动者在试用期内请病假，单位直接辞退合法吗？
159 70 试用期间员工因故请假，试用期可以重新计算吗？
161 71 非全日制用工能约定试用期吗？
163 72 用人单位以试用期为由和劳动者单独签订试用合同的行为合法吗？
165 73 用人单位是否可以在试用期内辞退劳动者？
168 74 在试用期内，用人单位可以不给劳动者报酬吗？
170 75 用人单位可以随意规定试用期吗？
173 76 在以完成一定工作任务为期限的劳动合同中，用人单位能与劳动者约定试用期吗？
175 77 劳动者培训的费用应该由谁来承担？
177 78 劳动合同期满，服务期尚未到期，该怎么办？
179 79 用人单位不给劳动者缴纳社会保险费，劳动者可以解除合同吗？
181 80 劳动者在服务期内因严重失职被辞退，需要支付违约金吗？

第8章 劳务派遣问题

183 81 劳务派遣是一种怎样的用工形式？
185 82 劳动者能否将派遣工作作为兼职？
187 83 劳务派遣公司可以向劳动者收取介绍工作的费用吗？
189 84 跨地区劳务派遣中，劳动者的工资应依何标准发放？
191 85 劳务派遣用工形式可以适用于所有岗位吗？
193 86 用工单位可以向被派遣劳动者直接支付工资吗？
195 87 被派遣劳动者的工资可以随意确定吗？
197 88 被派遣劳动者有权获得加班费和奖金吗？
199 89 谁负责对劳务派遣人员进行培训？
201 90 在劳动报酬未足额支付的情况下，被派遣人员可以解除合同吗？
203 91 派遣单位在被派遣人员患病时可否解除劳动合同？
205 92 被派遣人员有权要求参加用工单位的工会吗？

第1章 认识劳动合同

1. 什么是劳动合同？

案例背景

小林的父母因抢劫罪被判刑，所以小林一直跟随爷爷奶奶一起生活。小林初中毕业以后就不再上学，跟着同乡的叔叔四处打工。后来，某公司的经理李某认识了小林，觉得小林的经历与自己年轻时候很像，于是想让小林到自己的公司上班，小林欣然同意。李某与小林商量完工作事项以后，让小林到人事部签订劳动合同。小林称不用签合同，自己肯定好好干活。李某一听，笑笑说，这个劳动合同是很重要的，按照法律也应该签订。小林不解，自己以前从来都没有签订过劳动合同，这个所谓重要的劳动合同到底是什么呢？

学法有疑

什么是劳动合同呢？

法律讲堂

劳动合同就是劳动者与用人单位之间确立劳动关系、明确双方权利和义务的协议。在订立劳动合同时，劳动者和用人单位应该遵循平等自愿、协商一致的原则，不得违反法律、行政法规的规定。劳动合同订立以后就开始产生法律约束力，双方当事人享有劳动合同约定的权利，同时必须履行劳动合同规定的义务。

劳动合同对签订合同的双方都有着非常重要的作用：对于劳动者而言，它是实现劳动权利的重要保障；对于用人单位而言，其可以通过劳动合同更有效地管理劳动者。同时，订立劳动合同对于减少劳动争议也有着积极的意义。所以，本案例中李某说得没错，劳动合同对于小林而言是十分重要的，一旦用人单位不严格履行合同规定的义务或者违反了劳动法的相关规定，小林可以凭借劳动合同去维护自己的合法权益。所以，劳动者在参加工作以后，一定要及时与用人单位签订劳动合同。

法律条文

《中华人民共和国劳动法》

第十六条 劳动合同是劳动者与用人单位确立劳动关系、明确双方权利和义务的协议。

建立劳动关系应当订立劳动合同。

第十七条 订立和变更劳动合同，应当遵循平等自愿、协商一致的原则，不得违反法律、行政法规的规定。

劳动合同依法订立即具有法律约束力，当事人必须履行劳动合同规定的义务。

《中华人民共和国劳动合同法》

第十条 建立劳动关系，应当订立书面劳动合同。

已建立劳动关系，未同时订立书面劳动合同的，应当自用工之日起一个月内订立书面劳动合同。

用人单位与劳动者在用工前订立劳动合同的，劳动关系自用工之日起建立。

劳动合同是用人单位和劳动者之间建立劳动关系的协议，也是保障劳动者合法权益的一种凭证，在用人单位和劳动者发生争议时，劳动合同可以作为劳动关系事项的证明。

2. 劳动合同可以是口头的吗?

案例背景

小莲是某大学行政管理专业的大四毕业生，学校为了更好地安排毕业生顺利就业，邀请了全国各地的企业来学校招聘，小莲也带着简历来到了招聘会。有一家商贸公司正在招聘行政管理专业的毕业生，小莲投递了简历，并参加了面试。经过两轮的筛选，公司最终决定聘用小莲。随后，小莲来到该公司进行参观，并决定在该公司工作。之后，双方就工作时间、薪酬以及保险等情况进行了商议。小莲向公司负责人询问什么时候可以签订劳动合同，负责人称不用签订书面合同，因为自己在与小莲商定工作事宜的时候就算已经与小莲达成了口头合同。小莲感到非常困惑，劳动合同可以是口头的吗?

学法有疑

劳动合同可以是口头的吗?

法律讲堂

本案中，公司负责人只是与小莲商定工作事宜，不能视为达成了口头合同，而且，在劳动关系中，除非全日制用工外，用人单位和劳动者建立劳动关系时必须签订书面合同。我国《劳动合同法》第十条规定，建立劳动关系，应当订立书面劳动合同。已建立劳动关系，未同时订立书面劳动合同的，应当自用工之日起一个月内订立书面劳动合同。用人单位与劳动者在用工前订立劳动合同的，劳动关系自用工之日起建立。所以，如果用人单位想要与劳动者建立劳动关系，则应该在一个月内与之订立书面合同，不能以口头合同取而代之。

同时，对于书面劳动合同应该记载的事项，我国法律也有明确说明。依据我国《劳动法》第十九条的规定，书面劳动合同应该具备劳动合同期限、工作内容、劳动保护和劳动条件、劳动报酬、劳动纪律、劳动合同终止的条件、违反劳动合同的责任等条款。将这些条款落实到书面上，才更有利于保障劳动者的权益，同时也有利于减少劳动者和用人单位因劳动合同事项而引起的争议。

法律条文

《中华人民共和国劳动法》

第十九条 劳动合同应当以书面形式订立，并具备以下条款：

（一）劳动合同期限；

（二）工作内容；

（三）劳动保护和劳动条件；

（四）劳动报酬；

（五）劳动纪律；

（六）劳动合同终止的条件；

（七）违反劳动合同的责任。

劳动合同除前款规定的必备条款外，当事人可以协商约定其他内容。

《中华人民共和国劳动合同法》

第十条 建立劳动关系，应当订立书面劳动合同。

已建立劳动关系，未同时订立书面劳动合同的，应当自用工之日起一个月内订立书面劳动合同。

用人单位与劳动者在用工前订立劳动合同的，劳动关系自用工之日起建立。

第十七条 劳动合同应当具备以下条款：

（一）用人单位的名称、住所和法定代表人或者主要负责人；

（二）劳动者的姓名、住址和居民身份证或者其他有效身份证件号码；

（三）劳动合同期限；

（四）工作内容和工作地点；

（五）工作时间和休息休假；

（六）劳动报酬；

（七）社会保险；

（八）劳动保护、劳动条件和职业危害防护；

（九）法律、法规规定应当纳入劳动合同的其他事项。

劳动合同除前款规定的必备条款外，用人单位与劳动者可以约定试用期、培训、保守秘密、补充保险和福利待遇等其他事项。

第六十九条 非全日制用工双方当事人可以订立口头协议。

从事非全日制用工的劳动者可以与一个或者一个以上用人单位订立劳动合同；但是，后订立的劳动合同不得影响先订立的劳动合同的履行。

除非全日制用工外，用人单位与劳动者订立的劳动合同必须是书面形式，不能以口头形式代替书面劳动合同。

3. 订立劳动合同时应该遵循哪些原则?

案例背景

李某到一家私立医院应聘，并且面试成功。但双方在签订劳动合同时发生了争议。该劳动合同中有这样一个条款：“自劳动合同签订之日起，医院可以根据自己的实际需要对人员的数量和工作部门、地点进行调整……员工离职时，需提前两个月提交辞职报告，随辞随走的扣除当月工资。”李某觉得这个条款显失公平，是霸王条款。但医院领导声称，这是为了维护医院的合法利益，保证医院的正常运转。

学法有疑

那么，该医院的规定对吗？订立劳动合同时，我们应当遵守什么样的原则呢？

法律讲堂

劳动合同是保障劳动者和用人单位的合法权益的保护伞，同时也是用来约束和规范劳动者和用人单位行为的紧箍咒。合同双方的地位是平等的，公司作为雇佣方不能任意制订仅有利于自己的条款以约束劳动者。《劳动合同法》第三条第一款规定，订立劳动合同，应当遵循合法、公平、平等自愿、协商一致、诚实信用的原则。本案中，医院让李某签订的有关双方辞退、转调员工或者员工离职的规定明显是有利于用人单位而损害劳动者利益的。医院可以随时解除合同，员工却要提前两个月告知医院，这必然会给员工再次就业带来困扰。这条规定不符合订立劳动合同的基本原则，是不公平、不平等的。面对这种情况，李某可以不与医院签订合同，或者再次同医院进行协商。

法律条文

《中华人民共和国劳动合同法》

第三条 订立劳动合同，应当遵循合法、公平、平等自愿、协商一致、诚实信用的原则。

依法订立的劳动合同具有约束力，用人单位与劳动者应当履行劳动合同约定的义务。

一句话说法

劳动者与用人单位之间是双向选择的，用人单位可以根据自己的意愿决定是否录用劳动者，而劳动者也可以按照自己的意愿决定是否加入该用人单位。双方之间进行选择时，应当遵循合法、公平、平等自愿、协商一致、诚实信用的基本原则。

4. 什么是无固定期限劳动合同？

案例背景

袁某是某单位的技术工人。从学校毕业以后，袁某一直在该单位工作，已有十五年之久。后来，单位的股东发生了一些变化，经常因改革等原因与劳动者解除劳动合同，导致单位上下人心惶惶。袁某回到家中与妻子谈起此事，称自己已经在单位干了这么多年，如果单位要改革裁人，自己一时半会儿也找不到好的去处。正在袁某向妻子诉苦的时候，袁某正在上大学的侄女来看望袁某。她听说此事以后告知袁某，他这种情况可以与单位签订无固定期限劳动合同，这样就安全多了。可是袁某不明白，什么是无固定期限劳动合同呢？

学法有疑

什么是无固定期限劳动合同呢？

法律讲堂

在我国，劳动合同的期限分为固定期限、无固定期限和以完成一定的工作为期限。

无固定期限劳动合同，是指用人单位与劳动者约定的无确定终止时间的劳动合同。如果没有出现法律规定的情形或者双方约定的情形，用人单位和劳动者之间就应该继续履行合同。

那么，在哪些情况下，劳动者可以与用人单位订立无固定期限劳动合同呢？根据《劳动合同法》第十四条的规定，用人单位与劳动者协商一致，可以订立无固定期限劳动合同。当劳动者在该用人单位连续工作满十年的；或者用人单位初次实行劳动合同制度或者国企改制重新订立劳动合同时，劳动者在该用人单位连续工作满十年且距法定退休年龄不足十年的；或者连续订立两次固定期限劳动合同，且劳动者工作表现良好，可以胜任本职工作的，除劳动者提出订立固定期限劳动合同外，用人单位应当与劳动者订立无固定期限劳动合同。此外，为了督促用人单位及时与劳动者签订劳动合同，法律还规定，如果用人单位自用工之日起满一年不与劳动者订立书面劳动合同的，则视为用人单位已经与劳动者订立了无固定期限劳动合同。在本案中，袁某已经在单位工作十五年之久，单位应该与其订立无固定期限劳动合同。

法律条文

《中华人民共和国劳动合同法》

第十四条 无固定期限劳动合同，是指用人单位与劳动者约定无确定终止时间的劳动合同。

用人单位与劳动者协商一致，可以订立无固定期限劳动合同。有下列情形之一，劳动者提出或者同意续订、订立劳动合同的，除劳动者提出订立固定期限劳动合同外，应当订立无固定期限劳动合同：

（一）劳动者在该用人单位连续工作满十年的；

（二）用人单位初次实行劳动合同制度或者国有企业改革重新订立劳动合同时，劳动者在该用人单位连续工作满十年且距法定退休年龄不足十年的；

（三）连续订立二次固定期限劳动合同，且劳动者没有本法第三十九条和第四十条第一项、第二项规定的情形，续订劳动合同的。

用人单位自用工之日起满一年不与劳动者订立书面劳动合同的，视为用人单位与劳动者已订立无固定期限劳动合同。

无固定期限劳动合同签订以后，如果没有法定或约定合同解除的情形，则该劳动合同直至劳动者退休终止。但是，一旦出现解除事由，则该劳动合同同样可以解除。

5. 什么是集体合同？

案例背景

魏某是某电子设备制造厂的员工，且已经在该工厂工作了五年之久。2019 年，该工厂与另外一家工厂合并，合并以后的工厂制订了一套新的工作模式和计划。魏某认为新工厂规定的工作时间和保险福利等大不如前，而且工作时间过长，甚至违反了相关法律规定。于是，魏某和同事一起找到单位的工会，向工会说明了缘由，并请求工会帮助他们与单位负责人进行交涉。后来，工会通过内部商议，决定在最大限度地保障全体员工利益的情况下，代表员工们与单位订立一份集体合同，并通知员工与工会一起协商工作事宜。魏某等部分员工表示同意工会签订集体合同，并且积极地为合同事项献言献策。但是也有一部分人表示不同意，当魏某问及原因时，他们称不知道什么是集体合同，也不知有什么用。

学法有疑

什么是集体合同呢？

法律讲堂

根据《劳动合同法》第五十一条规定，企业职工一方与用人单位通过平等协商，可以就劳动报酬、工作时间、休息休假、劳动安全卫生、保险福利等事项订立集体合同。集体合同草案应当提交职工代表大会或者全体职工讨论通过。集体合同由工会代表企业职工一方与用人单位订立；尚未建立工会的用人单位，由上级工会指导劳动者推举的代表与用人单位订立。据此可知，集体合同就是指工会代表职工与用人单位依照相关法律法规就劳动报酬、工作条件、工作时间、休息休假、劳动安全卫生、社会保险福利等事项，在平等协商的基础上进行协商谈判从而缔结的书面协议。除此以外，集体合同应该建立在集体协商的基础上，如果员工中有部分人不同意签订集体合同，或者就部分合同条款表示不同意，则工会不能违背员工意愿与用人单位签订合同。

法律条文

《中华人民共和国劳动合同法》

第五十一条 企业职工一方与用人单位通过平等协商，可以就劳动报酬、工作时间、休息休假、劳动安全卫生、保险福利等事项订立集体合同。集体合同草案应当提交职工代表大会或者全体职工讨论通过。

集体合同由工会代表企业职工一方与用人单位订立；尚未建立工会的用人单位，由上级工会指导劳动者推举的代表与用人单位订立。

第五十四条 集体合同订立后，应当报送劳动行政部门；劳动行政部门自收到集体合同文本之日起十五日内未提出异议的，集体合同即行生效。

依法订立的集体合同对用人单位和劳动者具有约束力。行业性、区域性集体合同对当地本行业、本区域的用人单位和劳动者具有约束力。

一句话说法

用人单位与本单位职工签订集体合同和确定相关事宜时，应当采取集体协商的方式。若职工内部协商不成，则不能擅自签订。若协商成功并与单位签订集体合同，则双方都应受到合同的约束。

第 2 章 如何订立劳动合同

6. 劳动合同签订后，单位可以将劳动合同扣留不给员工留存吗?

案例背景

张某大学毕业后进入一家房地产公司工作。入职前，张某曾与该公司签订了一份劳动合同，但该公司以“劳动合同应由公司统一管理、防止不法分子窃取公司机密”为由，没收了原本属于张某的那份劳动合同。每当张某去索要，公司领导都以公司有相关规定为由挡了回来。张某为此感到担心，因此向当地的劳动仲裁部门请求帮助。

学法有疑

那么，该公司的做法对吗？张某有没有权利拿回属于自己的那份劳动合同呢？

法律讲堂

该房地产公司的做法违反了我国《劳动合同法》的相关规定，张某有权拿回属于自己的那份劳动合同。根据《劳动合同法》第十六条第二款的规定，劳动合同文本由用人单位和劳动者各执一份。劳动合同是证明劳动者和用人单位双方权利义务关系的书面凭证，签订时至少应当一式两份，劳动者和用人单位各执一份。一方面可以使双方都明确自己的权利义务，另一方面，当发生争议时也可以作为证据使用。因此，用人单位无权将属于劳动者的合同文本扣留。

法律条文

《中华人民共和国劳动合同法》

第十六条 劳动合同由用人单位与劳动者协商一致，并经用人单位与劳动者在劳动合同文本上签字或者盖章生效。

劳动合同文本由用人单位和劳动者各执一份。

劳动者入职参加工作时，用人单位应当依法与劳动者签订书面劳动合同书。合同书通常应当一式两份，一份由用人单位留存档案，另一份由劳动者本人保留。这是劳动合同法明确规定的用人单位的义务，用人单位必须履行。

7. 新员工报到后多久签劳动合同?

案例背景

2020 年 4 月，徐某来到当地的一家造纸厂应聘，应聘的时候该单位承诺正式工作后会跟徐某签订劳动合同。可是，直到试用期过了，造纸厂也没有跟徐某签订劳动合同。无奈之下，徐某找到部门经理，想问清缘由。但部门经理对徐某回复称：公司规定，工作满一年以后才能签劳动合同，现在不能签。

学法有疑

该单位的规定合法吗？新员工报到后，应该什么时候签订劳动合同呢？

法律讲堂

根据我国《劳动合同法》第七条规定，用人单位自用工之日起即与劳动者建立劳动关系。第十条规定："建立劳动关系，应当订立书面劳动合同。已建立劳动关系，未同时订立书面劳动合同的，应当自用工之日起一个月内订立书面劳动合同。"因此，本案中，徐某自到该单位正式工作之日起即可与单位签订劳动合同。若当时未签劳动合同，徐某自工作之日起一个月内可以要求与单位签订劳动合同。

同时，为了督促用人单位按时与劳动者签订劳动合同，《劳动合同法》第八十二条规定了不订立书面劳动合同的法律责任，即用人单位自用工之日起超过一个月不满一年未与劳动者订立书面劳动合同的，应当向劳动者每月支付二倍的工资。因此，若该单位自聘用徐某之日起，超过一个月不满一年仍未与他订立劳动合同，应当向他每月支付两倍的工资。

法律条文

《中华人民共和国劳动合同法》

第七条 用人单位自用工之日起即与劳动者建立劳动关系。用人单位应当建立职工名册备查。

第十条 建立劳动关系，应当订立书面劳动合同。

已建立劳动关系，未同时订立书面劳动合同的，应当自用工之日起一个月内订立书面劳动合同。

用人单位与劳动者在用工前订立劳动合同的，劳动关系自用工之日起建立。

第十四条第三款 用人单位自用工之日起满一年不与劳动者订立书面劳动合同的，视为用人单位与劳动者已订立无固定期限劳动合同。

第八十二条第一款 用人单位自用工之日起超过一个月不满一年未与劳动者订立书面劳动合同的，应当向劳动者每月支付二倍的工资。

书面劳动合同是劳动关系成立的形式要件而非实质要件，也就是说，用人单位与劳动者之间没有签订劳动合同，但事实上已经发生了用工关系的，劳动关系自用工之日起就已经建立。同时，用人单位与劳动者签订劳动合同，是用人单位的一项法定义务，如果用人单位自用工之日起超过一个月不满一年未与劳动者订立书面劳动合同的，还应当向劳动者每月支付两倍的工资。如果满一年还未签订劳动合同，则视为已签订了无固定期限的劳动合同。

8. 用人单位能以办手续为由扣押劳动者的身份证吗？

案例背景

小刘经人介绍来到当地的一家橡胶厂工作，经过层层面试筛选，最终与该厂签订了劳动合同。但该厂的工作人员告诉小刘，要正式工作还需要办理很多手续，并让小刘暂时将身份证留下以便办手续使用。等手续办好后，公司会通知小刘何时上班。小刘担心自己在这期间会用到身份证，但为了得到这份工作又不敢拒绝，小刘不知该如何是好。

学法有疑

该橡胶厂的做法正确吗？他们能够以办手续为由扣押小刘的身份证件吗？

法律讲堂

无论什么情况、什么理由，用人单位都不能扣押劳动者的身份证及其他证件。扣押身份证是违反《劳动合同法》规定的，会受到相应的行政处罚。如果因扣押证件给劳动者造成了实际的经济损失，还要依法承担赔偿责任。因此，本案中，该橡胶厂的做法是错误的，他们无论以什么理由都无权扣押小刘的身份证。面对该橡胶厂提出的无理要求，小刘可以拒绝，也可以向劳动行政部门举报。

法律条文

《中华人民共和国劳动合同法》

第九条 用人单位招用劳动者，不得扣押劳动者的居民身份证和其他证件，不得要求劳动者提供担保或者以其他名义向劳动者收取财物。

第八十四条 用人单位违反本法规定，扣押劳动者居民身份证等证件的，由劳动行政部门责令限期退还劳动者本人，并依照有关法律规定给予处罚。

用人单位违反本法规定，以担保或者其他名义向劳动者收取财物的，由劳动行政部门责令限期退还劳动者本人，并以每人五百元以上二千元以下的标准处以罚款；给劳动者造成损害的，应当承担赔偿责任。

劳动者依法解除或者终止劳动合同，用人单位扣押劳动者档案或者其他物品的，依照前款规定处罚。

居民身份证和其他证件都具有私人属性，用人单位招用劳动者不得违法扣押。实践中，有的用人单位以办理手续为由扣押劳动者各种证件的行为违反了法律规定，应受到相应处罚。劳动者面对用人单位的无理要求有权拒绝。

9. 签订劳动合同时，用人单位有权向员工收取培训费吗？

案例背景

小陈到一家大型商场应聘业务员，经过层层面试筛选，终于到了与该商场签订劳动合同的时候。可是，该商场的工作人员却称，为了提高员工的专业知识和业务水平，公司需要对新招聘人员进行培训。由于培训的长期性和重复性需要消耗大量的人力和财力，因此，每一位参加培训的人员必须交500元培训费，然后才能签订劳动合同，而且培训入职是新员工必须参加的，任何人都不能例外。

学法有疑

劳动双方签订劳动合同时，用人单位能否向员工收取费用呢？

法律讲堂

我国《劳动法》第六十八条规定，用人单位应当建立职业培训制度，按照国家规定提取和使用职业培训经费，根据本单位实际，有计划地对劳动者进行职业培训。由此可知，给员工提供职业培训是用人单位的义务，费用应由用人单位支付，不能将培训费作为额外的费用要求员工自己承担。同时，《劳动合同法》第九条规定，用人单位招用劳动者，不得要求劳动者提供担保或者以其他名义向劳动者收取财物。此外，《劳动部关于严禁用人单位录用职工非法收费的通知》也明确规定，用人单位不得在招工条件中规定个人缴费内容，劳动行政部门要加强对用人单位录用职工行为的监督检查，对用人单位在录用职工时非法向劳动者个人收取费用的，应责令用人单位立即退还劳动者。本案中，该商场要求小陈交500元培训费的行为没有法律依据，是违法行为。

法律条文

《中华人民共和国劳动法》

第六十八条 用人单位应当建立职业培训制度，按照国家规定提取和使用职业培训经费，根据本单位实际，有计划地对劳动者进行职业培训。

从事技术工种的劳动者，上岗前必须经过培训。

《中华人民共和国劳动合同法》

第九条 用人单位招用劳动者，不得扣押劳动者的居民身份证和其他证件，不得要求劳动者提供担保或者以其他名义向劳动者收取财物。

《劳动部关于严禁用人单位录用职工非法收费的通知》

二、用人单位不得在招工条件中规定个人缴费内容，劳动行政部门要加强对用人单位招工启示、简章的审查，对违反规定的，应给予警告，并责令其改正。

三、劳动行政部门要加强对用人单位录用职工行为的监督检查。对用人单位在录用职工时非法向劳动者个人收取费用的，应责令用人单位立即退还劳动者；对用人单位招工后不能向职工提供正常工作岗位或不能保障职工其他各项劳动权利的，应依法予以纠正；给劳动者造成经济损失的，应责令其赔偿。因此而发生的劳动争议，当事人有权向劳动争议仲裁委员会申请仲裁。

一句话说法

参加职业培训是劳动者的一项权利，同时也是用人单位的一项义务。用人单位应当建立职业培训制度，根据单位实际，对劳动者进行职业培训。无论是在入职前决定对劳动者进行培训，还是入职后对劳动者进行业务提升训练，都不得向劳动者收取任何费用。此外，用人单位不得以别的名目向劳动者收取费用，如集资、风险基金、手续费、抵押金、保证金等，更不能把交费作为录用的前提条件，非法向劳动者收取费用。

10. 就业协议能代替劳动合同吗?

案例背景

关某是大学应届毕业生。在学校的招聘会上，关某和当地的一家保险公司达成了共识，该保险公司愿意聘任关某为业务员，关某也愿意到该保险公司工作。于是双方当场签订了就业协议，保险公司书面通知关某于十日后到公司报到。但关某到公司报到时，公司却没有和他签订劳动合同，当关某询问此情况时，该公司工作人员称，就业协议可以代替劳动合同，因此就没有必要再签订劳动合同了。

学法有疑

该保险公司的说法正确吗？就业协议真的可以替代劳动合同吗？

法律讲堂

就业协议是毕业生在校时，由学校参与见证的，与用人单位协商签订的关于毕业生就业相关事宜的书面文件，是编制毕业生就业计划方案和毕业生派遣的依据。其内容主要是毕业生如实介绍自身情况，并表示愿意到用人单位就业；用人单位表示愿意接收毕业生；学校同意推荐毕业生并列入就业计划进行派遣。就业协议是毕业生和用人单位关于将来就业意向的初步约定，对于双方的基本条件以及即将签订劳动合同的部分基本内容大体认可，并经用人单位的上级主管部门和高校就业部门同意和见证，经毕业生、高校、用人单位主管部门签字盖章，即具有一定的法律效力，是编制毕业生就业计划和将来可能发生违约情况时的判断依据。

劳动合同则是毕业生作为劳动者与用人单位明确劳动关系中权利义务关系的协议。劳动合同仅涉及劳动者和用人单位，对双方具有法律约束力，内容涉及劳动报酬、劳动保护、工作内容、劳动纪律等方方面面，劳动权利义务更为明确具体。一般来说，就业协议签订在前，劳动合同订立在后，就业协议虽然与劳动合同在内容上有重叠，但其签订主体和效力是不同的。如果毕业生与用人单位就工资待遇、住房等有事先约定，亦可在就业协议备注条款中予以注明，日后订立劳动合同时对此内容应予认可。根据《劳动合同法》第十条的规定，已建立劳动关系，未同时订立书面劳动合同的，应当自用工之日起一个月内订立书面劳动合同。因此，本案中的公司领导应该认真区分就业协议和劳动合同，以真实有效的劳动合同代替先前的就业协议。若不与关某订立劳动合同，该用人单位将承担相应的法律责任。

法律条文

《中华人民共和国劳动合同法》

第七条 用人单位自用工之日起即与劳动者建立劳动关系。用人单位应当建立职工名册备查。

第十条 建立劳动关系，应当订立书面劳动合同。

已建立劳动关系，未同时订立书面劳动合同的，应当自用工之日起一个月内订立书面劳动合同。

用人单位与劳动者在用工前订立劳动合同的，劳动关系自用工之日起建立。

就业协议就是人们常说的“三方协议”，其签订主体包括毕业生、高校、用人单位三方，是高校编制毕业生就业计划方案和毕业生派遣的依据，也是用人单位与毕业生签订的初步就业意向。而劳动合同的签订主体是劳动者和用人单位双方，对劳动者和用人单位具有约束力。

11. 未签订劳动合同，但劳动关系已经确立，劳动者权益该如何保障?

案例背景

2019 年 9 月，任某进入一家私营企业工作。由于公司规模较小，老板说签订劳动合同太麻烦了，因此就没有跟任某签订劳动合同。工作半年后，任某觉得工作不合适，于是决定辞职。该公司老板却称：辞职可以，但必须扣掉本月的工资。任某听后很生气，便和老板理论，并说："如果你不把工资给我，我就去告你。"老板笑着说："告吧，反正也没有签劳动合同，我看你怎么告。"

学法有疑

没有劳动合同就没有办法维护自己的合法权益了吗？在此种情况下任某可以怎么做呢？

法律讲堂

实践中，用人单位不与劳动者订立劳动合同的现象时有发生，这就致使发生争议时，劳动者的合法权益难以得到维护。根据《劳动合同法》的规定，劳动关系自用人单位用工之日起建立，已建立劳动关系，未同时订立书面劳动合同的，应当自用工之日起一个月内订立书面劳动合同。

实践中，如果用人单位招用劳动者而没有订立劳动合同，但劳动者能出示工资支付凭证、缴纳社会保险费的记录、用人单位发放的工作证和服务证、劳动者填写的用人单位招聘登记表和报名表以及考勤的记录等，也可以证明双方劳动关系的存在，劳动者的合法权益也能得到法律的保护。

本案中，任某虽然没有劳动合同，但是如果有其他可以证明劳动关系的相关凭证的，也可以证明双方之间存在事实劳动关系，以保护自己的合法权益。同时，任某还可以用人单位未与其签订书面劳动合同为由，要求其支付自进入公司超过一个月不满一年这一时间段内的双倍工资。

法律条文

《中华人民共和国劳动合同法》

第七条　用人单位自用工之日起即与劳动者建立劳动关系。用人单位应当建立职工名册备查。

第十条　建立劳动关系，应当订立书面劳动合同。

已建立劳动关系，未同时订立书面劳动合同的，应当自用工之日起一个月内订立书面劳动合同。

用人单位与劳动者在用工前订立劳动合同的，劳动关系自用工之日起建立。

第八十二条第一款　用人单位自用工之日起超过一个月不满一年未与劳动者订立书面劳动合同的，应当向劳动者每月支付二倍的工资。

《关于贯彻执行〈中华人民共和国劳动法〉若干问题的意见》

17. 用人单位与劳动者之间形成了事实劳动关系，而用人单位故意拖延不订立劳动合同，劳动行政部门应予以纠正。用人单位因此给劳动者造成损害的，应按劳动部《违反〈劳动法〉有关劳动合同规定的赔偿办法》（劳部发〔1995〕223 号）的规定进行赔偿。

劳动者应注意保存工作证等凭证，以便在没有劳动合同的情况下，也能证明存在事实劳动关系，维护合法权益。

12. 包工计件是否需要签订劳动合同?

案例背景

小玲会做衣服，来到一家以订单来组织生产的制衣厂应聘，即该厂有订单就组织生产，没有订单就不组织生产。制衣厂以小组为单位，按照每个小组实际完成的数额来发放工资。没有订单，不组织生产时就不发工资。由于是包工计件，因此不签订劳动合同。小玲在了解该公司的实际情况后，认为包工计件是可以的，可是该制衣厂因此不跟工人们签订劳动合同显得不太合理。

学法有疑

那么，包工计件也要签订劳动合同吗?

法律讲堂

本案中，该制衣厂是以订单量来决定工作时长的，工作性质是计件制，没有固定的劳动期限。那么，像这种情况就不需要签订劳动合同吗?根据《劳动合同法》第十二条和第十五条的规定，劳动合同分为固定期限劳动合同、无固定期限劳动合同和以完成一定工作任务为期限的劳动合同。以完成一定工作任务为期限的劳动合同，是指用人单位与劳动者约定以某项工作的完成为合同期限的劳动合同。因此，小玲可以在接手一个订单的工作前和制衣厂签订针对这一项工作的劳动合同，以保障小玲在此段工作时间内的合法权益；同时，签订劳动合同也可以让制衣厂在此项任务执行过程中没有后顾之忧，不用担心员工出现中途离职等问题，保护了制衣厂的利益。所以，针对计件工作，用人单位与劳动者协商一致，可以订立以完成一定工作任务为期限的劳动合同。

法律条文

《中华人民共和国劳动合同法》

第十二条 劳动合同分为固定期限劳动合同、无固定期限劳动合同和以完成一定工作任务为期限的劳动合同。

第十五条 以完成一定工作任务为期限的劳动合同，是指用人单位与劳动者约定以某项工作的完成为合同期限的劳动合同。

用人单位与劳动者协商一致，可以订立以完成一定工作任务为期限的劳动合同。

一句话说法

包工计件类的工作，建议签订劳动合同以保障双方的合法权益。具体的计酬方式、支付期限等，劳动者可与用人单位协商。

13. 到分公司工作是否需要与总公司签订劳动合同？

案例背景

2019 年 8 月，刚刚毕业的王某成功应聘进了北京一家大型企业。王某与该企业签订劳动合同后，却收到通知：王某需要到该公司所属的青岛分公司工作。王某对此非常不解，便向相关人士咨询。该企业的工作人员称，他们所有分公司均没有独立法人资格，各分公司的人员招聘基本上都是由总公司进行的，面试合格后签订劳动合同，然后再通过劳务派遣单分配到各个分公司，分公司也可以自行招聘，但劳动合同必须由总公司签订。

学法有疑

王某是到该公司的分公司工作，还需要与总公司签订劳动合同吗？

法律讲堂

根据《劳动合同法实施条例》第四条规定，用人单位设立的分支机构，依法取得营业执照或者登记证书的，可以作为用人单位与劳动者订立劳动合同；未依法取得营业执照或者登记证书的，受用人单位委托可以与劳动者订立劳动合同。可见，依法取得营业执照或者登记证书的分支机构具有用工主体资格，可以作为劳动合同中的用人单位一方直接与劳动者订立劳动合同。未依法取得营业执照或者登记证书的分支机构，受用人单位委托才能与劳动者订立劳动合同，自己无权与劳动者签订劳动合同，即劳动合同中的用人单位只能是设立该分支机构的单位，不能将分支机构直接列为用人单位。

本案中，王某参加工作的分公司不具有独立法人资格，没有取得营业执照，因此，分公司如果没有总公司的授权，则无权与王某直接签订劳动合同，王某只能与该总公司签订劳动合同，而不能直接与该分公司订立劳动合同。但是，需要注意的是，该企业在招聘中或者签订合同时应当明确告知王某，而不应当对此隐瞒。

法律条文

《中华人民共和国劳动合同法实施条例》

第四条 劳动合同法规定的用人单位设立的分支机构，依法取得营业执照或者登记证书的，可以作为用人单位与劳动者订立劳动合同；未依法取得营业执照或者登记证书的，受用人单位委托可以与劳动者订立劳动合同。

一句话说法

与劳动者签订劳动合同的用人单位首先必须具有用工主体资格，即必须依法取得营业执照或者登记证书。不具备主体资格的分公司如果想录用劳动者并与之签订合同，必须得到用人单位的委托，否则属于非法用工，应当承担相应的法律责任。

14. 劳动合同中可以约定“当劳动者绩效不佳时该合同自行终止”吗?

案例背景

小赵到某房地产公司做销售工作已经有了一年的时间，业绩一直不佳。无论小赵怎么努力，业绩也上不去，为此公司领导多次对小赵进行批评。一天，小赵的部门经理找小赵单独谈话，他拿出了小赵入职时签署的劳动合同，上面有一条写着：“当劳动者绩效不佳时，本合同即自行终止。”部门经理对小赵说，虽然知道小赵很努力，但公司有规定，业绩上不去只能走人，他也没有办法。

学法有疑

该公司的做法对吗？劳动合同中可以这样约定吗？

法律讲堂

该公司在劳动合同中约定：“当劳动者绩效不佳时，本合同即自行终止。”虽然这份劳动合同有小赵的签字，已经生效了，但是，这一条款是违反法律规定的，该条款的约定无效。根据《劳动合同法》第四十四条的规定，劳动合同终止的情形有：(1) 劳动合同期满的；(2) 劳动者开始依法享受基本养老保险待遇的；(3) 劳动者死亡，或者被人民法院宣告死亡或者宣告失踪的；(4) 用人单位被依法宣告破产的；(5) 用人单位被吊销营业执照、责令关闭、撤销或者用人单位决定提前解散的；(6) 法律、行政法规规定的其他情形。根据本条规定，劳动合同终止的约定条件是合同期满的情形，而法定条件是劳动者或用人单位主体资格的消灭。

此外，《劳动合同法实施条例》第十三条规定：“用人单位与劳动者不得在劳动合同法第四十四条规定的劳动合同终止情形之外约定其他的劳动合同终止条件。”由此可见，劳动合同终止的情形是法定的。因此，该房地产公司不得在劳动合同中约定“当劳动者绩效不佳时，本合同即自行终止”的条款。即使小赵已经同意了该条款并签订了劳动合同，该条款也因违反法律的规定而成为无效条款，该房地产公司不得以此为理由辞退小赵。

法律条文

《中华人民共和国劳动合同法》

第四十四条 有下列情形之一的，劳动合同终止：

（一）劳动合同期满的；

（二）劳动者开始依法享受基本养老保险待遇的；

（三）劳动者死亡，或者被人民法院宣告死亡或者宣告失踪的；

（四）用人单位被依法宣告破产的；

（五）用人单位被吊销营业执照、责令关闭、撤销或者用人单位决定提前解散的；

（六）法律、行政法规规定的其他情形。

《中华人民共和国劳动合同法实施条例》

第十三条 用人单位与劳动者不得在劳动合同法第四十四条规定的劳动合同终止情形之外约定其他的劳动合同终止条件。

用人单位与劳动者之间可以约定劳动合同期满的时间，但不得约定劳动合同终止的情形。劳动合同终止的情形由法律明确规定，除法定情形外，用人单位不得擅自约定劳动合同终止的条件。法律作出这样的规定，有利于保护稳定的用工关系。

15. 我国的《劳动合同法》也适用于与外资企业有关的劳动关系吗?

案例背景

林某是北京人，从国外留学回来后直接应聘到一家美国企业做文员。林某一下子就成了朋友们眼中的高级白领，因为该外企工资高、待遇好、合同期长。但总部因经营效益不好决定撤资导致刚工作不久的林某又要面临失业。该企业规定所有美籍人员全部调回总部重新安排工作，其他国籍的员工一律解除合同。林某和公司领导理论，想要为自己多争取一些机会，但企业领导不为所动。无奈之下，林某向当地劳动仲裁委员会提起了仲裁申请。

学法有疑

请问，该外企的做法正确吗？我国境内的外商投资企业适用我国的《劳动合同法》吗？

法律讲堂

劳动合同是劳动者合法权益的保护伞。在正常情况下，用人单位包括外资企业在内均不得在合同期限内与劳动者解除合约，用人单位与劳动者解除劳动合同必须遵循一定的程序。

根据《劳动合同法》第二条的规定，中华人民共和国境内的企业、个体经济组织、民办非企业单位等组织与劳动者建立劳动关系，订立、履行、变更、解除或者终止劳动合同，适用该法。我国的《劳动合同法》坚持属地原则，对境内所有用人单位进行管理和约束，只要是我国境内的用人单位，其在用工时就必须遵守我国的劳动合同法律法规。所以，即使是外资在华企业也要遵守我国法律，按法定程序解决问题。

同时，根据《劳动合同法》第四十三条的规定，用人单位单方解除劳动合同，应当事先将理由通知工会。用人单位违反法律、行政法规规定或者劳动合同约定的，工会有权要求用人单位纠正。用人单位应当研究工会的意见，并将处理结果书面通知工会。本案中，该外企因为经营效益不好决定撤资，但林某的劳动合同尚未期满，如果该外企决定解除与林某之间的劳动合同，应当事先将理由通知工会，并按照我国的法律程序予以解决。

法律条文

《中华人民共和国劳动合同法》

第二条 中华人民共和国境内的企业、个体经济组织、民办非企业单位等组织（以下称用人单位）与劳动者建立劳动关系，订立、履行、变更、解除或者终止劳动合同，适用本法。

第四十三条 用人单位单方解除劳动合同，应当事先将理由通知工会。用人单位违反法律、行政法规规定或者劳动合同约定的，工会有权要求用人单位纠正。用人单位应当研究工会的意见，并将处理结果书面通知工会。

我国的《劳动合同法》适用于我国境内的所有用人单位与劳动者，凡是我国境内的企业和在我国境内工作的劳动者，都必须遵守法律规定。

16. 非全日制工也需要和用人单位订立劳动合同吗?

案例背景

孙某是某公司的员工，与该公司签有书面劳动合同，工作形式是以小时计酬，由于工作量很小，因此平时的空余时间非常多。孙某觉得这么多空余时间浪费了可惜，决定再找一份兼职，既可以贴补家用也可以充实自己。于是孙某到了另一家企业应聘。由于孙某工作认真，能力又强，企业领导对孙某非常重视，想长久留住孙某，所以决定和孙某签订书面劳动合同。这时，孙某觉得自己已经签订一份劳动合同了，没必要再签第二份书面合同，所以就婉言拒绝了。

学法有疑

孙某这么做对吗？他可以不与自己兼职的公司签订劳动合同吗？

法律讲堂

孙某的工作属于非全日制用工，即以小时计酬为主的用工形式。根据《劳动合同法》第六十九条的规定，非全日制用工双方当事人可以订立口头协议。从事非全日制用工的劳动者可以与一个或者一个以上用人单位订立劳动合同；但是，后订立的劳动合同不得影响先订立的劳动合同的履行。对于非全日制用工关系，我国法律采取了较为宽松的管理方式，劳动者和用人单位可以协商决定是否签订书面劳动合同。如果孙某不愿意与后一家公司签订书面劳动合同，那么他可以拒绝。

法律条文

《中华人民共和国劳动合同法》

第六十八条 非全日制用工，是指以小时计酬为主，劳动者在同一用人单位一般平均每日工作时间不超过四小时，每周工作时间累计不超过二十四小时的用工形式。

第六十九条 非全日制用工双方当事人可以订立口头协议。

从事非全日制用工的劳动者可以与一个或者一个以上用人单位订立劳动合同；但是，后订立的劳动合同不得影响先订立的劳动合同的履行。

一句话说法

非全日制用工在工作时间、工作方式、劳动合同形式等方面都相对灵活，用人单位和劳动者可以根据自己的意愿，选择口头约定工作内容，也可以选择订立书面劳动合同。这一规定不但符合非全日制用工的特点，也极大地方便了用人单位和劳动者。

17. 劳动者拒绝与用人单位签订劳动合同，该怎么处理？

案例背景

周某经他人介绍进入某建筑公司工作。周某为人老实本分，工作认真努力，深受老板的器重。老板多次想与周某签订正式的劳动合同，却都被周某以各种理由拒绝。但是，如果该公司一个月内不与劳动者签订劳动合同，公司就要支付给劳动者双倍的工资。面对周某的这种情况，该建筑公司陷入了两难。

学法有疑

针对这种情况，公司怎样做才能够避免承担相应的责任呢？

法律讲堂

实践中，常见的情况一般是用人单位不愿意与劳动者签订劳动合同，很少有劳动者拒绝签订劳动合同的情形。因此，《劳动合同法》规定，用人单位自用工之日起超过一个月不满一年未与劳动者签订劳动合同的，需要支付两倍工资。但是，如果是劳动者一直找理由拒绝与用人单位签订劳动合同，用人单位也必须承担这种责任吗？根据《劳动合同法实施条例》第五条的规定，自用工之日起一个月内，经用人单位书面通知后，劳动者不与用人单位订立书面劳动合同的，用人单位应当书面通知劳动者终止劳动关系，无需向劳动者支付经济补偿，但是应当依法向劳动者支付其实际工作时间的劳动报酬。本条的规定，给了用人单位一个终止劳动关系的权利。

本案中，该建筑公司可以书面通知周某与公司签订书面劳动合同，如果周某拒绝签订的话，公司有权单方面解除劳动关系，并且无需向周某支付经济补偿，只需要支付周某工作期间的工资即可。

法律条文

《中华人民共和国劳动合同法实施条例》

第五条 自用工之日起一个月内，经用人单位书面通知后，劳动者不与用人单位订立书面劳动合同的，用人单位应当书面通知劳动者终止劳动关系，无需向劳动者支付经济补偿，但是应当依法向劳动者支付其实际工作时间的劳动报酬。

一句话说法

为了约束用人单位履行按时与劳动者签订劳动合同的义务，《劳动合同法》作出了明确规定。对于劳动者拒绝与用人单位签订劳动合同的情况，法律也赋予了用人单位单方终止劳动合同的权利。

第3章 如何解除劳动合同

18. 用人单位损害劳动者的权益，劳动者可以解除劳动合同吗?

案例背景

李某在某化工厂工作已经将近两年了。由于该化工厂一直未给员工配备相应的防毒设备，许多员工经常出现头晕、呕吐等轻微的中毒现象。几天前，李某工作时突然晕倒，被送到医院后经过检查得知是中毒引起的，因得到及时治疗，所以并无大碍。事后，李某联合工厂里的工人们要求工厂领导给员工配备相应的防毒设备，但领导总是找各种理由推辞。无奈之下，李某等人决定与该厂解除劳动合同。

学法有疑

请问，李某等人可以与该厂解除劳动合同吗?

法律讲堂

李某等人可以与该厂解除劳动合同。根据《劳动合同法》第三十八条的规定，用人单位未按照劳动合同约定提供劳动保护或者劳动条件的，或用人单位的规章制度违反法律、法规的规定，损害劳动者权益的，劳动者可以解除劳动合同。由于该厂没有按照法律规定给员工配备防护工具，没有尽到劳动保护义务，致使大批职工中毒，严重损害了劳动者的权益，因此职工们可以解除合同。

法律条文

《中华人民共和国劳动合同法》

第三十八条 用人单位有下列情形之一的，劳动者可以解除劳动合同：

（一）未按照劳动合同约定提供劳动保护或者劳动条件的；

（二）未及时足额支付劳动报酬的；

（三）未依法为劳动者缴纳社会保险费的；

（四）用人单位的规章制度违反法律、法规的规定，损害劳动者权益的；

（五）因本法第二十六条第一款规定的情形致使劳动合同无效的；

（六）法律、行政法规规定劳动者可以解除劳动合同的其他情形。

用人单位以暴力、威胁或者非法限制人身自由的手段强迫劳动者劳动的，或者用人单位违章指挥、强令冒险作业危及劳动者人身安全的，劳动者可以立即解除劳动合同，不需事先告知用人单位。

一句话说法

为了更好地保护劳动者的合法权益，防止用人单位损害劳动者的合法权益，法律赋予了劳动者单方解除劳动合同的权利。用人单位未按照合同约定提供劳动保护或者劳动条件，或违反法律规定损害劳动者合法权益的，劳动者可以立即解除劳动合同。

19. 用人单位未按劳动合同约定支付报酬，劳动者有权单方解除劳动合同吗？

案例背景

程某到一家房地产中介公司应聘销售员，通过面试后双方签订了劳动合同，合同中约定：每月底薪为1200元，每谈成一个订单会有40%的提成。程某工作了一个月以后，工资却只领到了800元。程某不解，便向公司负责人询问，公司负责人声称是因为程某没有业绩，因此适当减薪，等程某做出业绩后，工资会按照合同发放。程某觉得公司这么做已经违反了劳动合同中的约定，不愿意继续在这样不守信用的公司待下去，于是决定单方面解除合同。

学法有疑

那么，程某有权单方面解约吗？

法律讲堂

程某有权单方面解约。根据《劳动合同法》第三十八条的规定，用人单位未及时足额支付劳动报酬的，劳动者可以解除劳动合同。

本案中，程某的薪金减少，这和最初与用人单位劳动合同中的约定是不同的。程某工作业绩的好坏与约定好的薪金没有关系的，用人单位的行为属于无故克扣工资的行为，该行为严重侵害了程某的合法权益，根据《劳动合同法》第三十八条的规定，程某可以单方面宣布解除与用人单位的劳动关系。

法律条文

《中华人民共和国劳动合同法》

第三十八条 用人单位有下列情形之一的，劳动者可以解除劳动合同：

（一）未按照劳动合同约定提供劳动保护或者劳动条件的；

（二）未及时足额支付劳动报酬的；

（三）未依法为劳动者缴纳社会保险费的；

（四）用人单位的规章制度违反法律、法规的规定，损害劳动者权益的；

（五）因本法第二十六条第一款规定的情形致使劳动合同无效的；

（六）法律、行政法规规定劳动者可以解除劳动合同的其他情形。

用人单位以暴力、威胁或者非法限制人身自由的手段强迫劳动者劳动的，或者用人单位违章指挥、强令冒险作业危及劳动者人身安全的，劳动者可以立即解除劳动合同，不需事先告知用人单位。

一句话说法

用人单位聘用劳动者时，应当本着公平、平等、诚实信用的原则与劳动者约定劳动报酬等内容，并主动与劳动者签订书面劳动合同。一旦用人单位与劳动者签订劳动合同，就应当严格按照合同约定的报酬向劳动者发放，否则就违反了合同约定，劳动者有权单方解除劳动合同。

20. 疫情期间，用人单位能与无法上班的疫区滞留人员解除劳动合同吗？

案例背景

2020年年初，我国出现大面积的新冠肺炎疫情，其中，湖北省尤为严重。张某是南京市某医疗器械生产企业的一名普通工人。春节前夕，他趁着休年假提前回了湖北老家某地。不料没几日，张某所在的地区就被采取封闭措施。春节刚过，张某所在的医疗器械生产公司作为防疫物资的生产企业，开始复工复产，各地回乡过年的员工都被召集了回去。张某因为封城的原因，无法返回公司，并且不知道何时才能返回。人事部门告知张某，因公司的生产线“一个萝卜一个坑”，如果张某无法上岗，他们只能招聘新人员代替张某，并解除与张某的劳动合同，同时，会额外支付张某一个月工资作为补偿。

学法有疑

张某公司的做法合法吗？

法律讲堂

张某公司的做法是不合法的。为了引导用人单位妥善处理劳动关系，维护劳动者的合法权益，人社部专门发布了《人力资源社会保障部办公厅关于妥善处理新型冠状病毒感染的肺炎疫情防控期间劳动关系问题的通知》，根据该通知第一条的规定，对新型冠状病毒感染的肺炎患者、疑似病人、密切接触者在其隔离治疗期间或医学观察期间以及因政府实施隔离措施或采取其他紧急措施导致不能提供正常劳动的企业职工，企业应当支付职工在此期间的工作报酬，并不得依据劳动合同法第四十条、四十一条与职工解除劳动合同。

案例中，张某身处疫情严重的地区，因该地区采取封闭措施，导致张某无法返回工作单位复工，属于“因政府实施隔离措施或采取其他紧急措施导致不能提供正常劳动的企业职工”，依照通知，其所在公司不仅不可以解除他的劳动合同，还应该支付此期间的工资。所以，张某公司的做法是不合法的。张某可以在之后依法提起劳动仲裁以维护自身合法权益。

法律条文

《人力资源社会保障部办公厅关于妥善处理新型冠状病毒感染的肺炎疫情防控期间劳动关系问题的通知》

一、对新型冠状病毒感染的肺炎患者、疑似病人、密切接触者在其隔离治疗期间或医学观察期间以及因政府实施隔离措施或采取其他紧急措施导致不能提供正常劳动的企业职工，企业应当支付职工在此期间的工作报酬，并不得依据劳动合同法第四十条、四十一条与职工解除劳动合同。在此期间，劳动合同到期的，分别顺延至职工医疗期期满、医学观察期期满、隔离期期满或者政府采取的紧急措施结束。

《中华人民共和国劳动合同法》

第四十一条 有下列情形之一，需要裁减人员二十人以上或者裁减不足二十人但占企业职工总数百分之十以上的，用人单位提前三十日向工会或者全体职工说明情况，听取工会或者职工的意见后，裁减人员方案经向劳动行政部门报告，可以裁减人员：

（一）依照企业破产法规定进行重整的；

（二）生产经营发生严重困难的；

（三）企业转产、重大技术革新或者经营方式调整，经变更劳动合同后，仍需裁减人员的；

（四）其他因劳动合同订立时所依据的客观经济情况发生重大变化，致使劳动合同无法履行的。

裁减人员时，应当优先留用下列人员：

（一）与本单位订立较长期限的固定期限劳动合同的；

（二）与本单位订立无固定期限劳动合同的；

（三）家庭无其他就业人员，有需要扶养的老人或者未成年人的。

用人单位依照本条第一款规定裁减人员，在六个月内重新招用人员的，应当通知被裁减的人员，并在同等条件下优先招用被裁减的人员。

在劳动关系中，劳动者始终处于弱势地位，因此，国家立法时，往往会特别注重劳动者利益的保护。新冠肺炎疫情期间，我国出台了一系列劳动关系处理方面的法律法规，均体现出了对劳动者利益的保护。在疫情期间，劳动者出现被裁、被拒付工资等情形时，要懂得用法律武器去维权。

21. 用人单位能否因劳动者在上班路上出车祸失去工作能力而将其解聘？

案例背景

王某是某家具制造厂的工人，为了锻炼身体，每天骑自行车上下班。某日，王某早晨照常上班，经过一个路口时见红灯马上亮了，便停了下来，结果还没停稳，后面一辆小轿车突然撞了上来，将王某撞伤。经过治疗，王某虽然没有生命危险，但左腿受伤严重，不能再做以前的工作了。事后，家具厂的领导认为王某已经不适合继续在家具厂工作，于是决定解聘他。

学法有疑

那么，按王某的情况，家具厂可以解聘他吗？

法律讲堂

家具厂无权解聘王某。王某在上班的路上发生车祸，导致左腿严重受伤，依照我国《工伤保险条例》第十四条的规定，职工在上下班途中，受到非本人主要责任的交通事故伤害的，应当认定为工伤。本案中，车祸发生在王某的上班途中，且并非王某的主要责任，因此，王某在此次事故中所受伤害应当认定为工伤，依法享受工伤保险待遇。

另外，王某经过一段时间的治疗后，不能再胜任以前的工作，家具厂要根据王某的具体情况另行安排他可以胜任的工作，而不得直接解聘王某。我国《劳动合同法》第四十二条和《劳动法》第二十九条中也有相关规定。

法律条文

《中华人民共和国劳动合同法》

第四十二条 劳动者有下列情形之一的，用人单位不得依照本法第四十条、第四十一条的规定解除劳动合同：

（一）从事接触职业病危害作业的劳动者未进行离岗前职业健康检查，或者疑似职业病病人在诊断或者医学观察期间的；

（二）在本单位患职业病或者因工负伤并被确认丧失或者部分丧失劳动能力的；

（三）患病或者非因工负伤，在规定的医疗期内的；

（四）女职工在孕期、产期、哺乳期的；

（五）在本单位连续工作满十五年，且距法定退休年龄不足五年的；

（六）法律、行政法规规定的其他情形。

《中华人民共和国劳动法》

第二十六条 有下列情形之一的，用人单位可以解除劳动合同，但是应当提前三十日以书面形式通知劳动者本人：

（一）劳动者患病或者非因工负伤，医疗期满后，不能从事原工作也不能从事由用人单位另行安排的工作的；

（二）劳动者不能胜任工作，经过培训或者调整工作岗位，仍不能胜任工作的；

（三）劳动合同订立时所依据的客观情况发生重大变化，致使原劳动合同无法履行，经当事人协商不能就变更劳动合同达成协议的。

第二十七条 用人单位濒临破产进行法定整顿期间或者生产经营状况发生严重困难，确需裁减人员的，应当提前三十日向工会或者全体职工说明情况，听取工会或者职工的意见，经向劳动行政部门报告后，可以裁减人员。

用人单位依据本条规定裁减人员，在六个月内录用人员的，应当优先录用被裁减的人员。

第二十九条 劳动者有下列情形之一的，用人单位不得依据本法第二十六条、第二十七条的规定解除劳动合同：

（一）患职业病或者因工负伤并被确认丧失或者部分丧失劳动能力的；

（二）患病或者负伤，在规定的医疗期内的；

（三）女职工在孕期、产期、哺乳期内的；

（四）法律、行政法规规定的其他情形。

《工伤保险条例》

第十四条 职工有下列情形之一的，应当认定为工伤：

……

（六）在上下班途中，受到非本人主要责任的交通事故或者城市轨道交通、客运轮渡、火车事故伤害的；

……

用人单位与劳动者可以协商解除劳动合同，法律也赋予了用人单位单方解除劳动合同的几种特定情形，同时，为了保障劳动者的合法权益，法律也明确规定了用人单位不得解除劳动合同的情形，如因工负伤丧失劳动能力等。用人单位必须严格遵守法律的规定，不得违法解聘劳动者。

22. 劳动者雇人代替自己上班，用人单位有权解聘该劳动者吗？

案例背景

张某在某国有企业已经工作六年了，一直以来收入都非常稳定。但随着物价持续上涨，花钱的地方越来越多，张某打算像其他同事一样下海经商，但又不愿意放弃现在的工作。于是，他想到了一个“两全其美”的办法：雇人替自己上班。张某找了个人天天替自己打卡、上班，避着经理，自己做起了生意，没几个月就东窗事发了。经理非常生气，通知张某要与他解除劳动合同。

学法有疑

那么，该公司可否解聘张某？

法律讲堂

该公司可以解聘张某。劳动合同的主体，一方是劳动者，另一方是用人单位。双方签订劳动合同后，劳动者加入用人单位，成为用人单位的一员，承担一定的工种、岗位或职务，并遵守用人单位内部的规章制度。同时，用人单位及时安排劳动者工作，提供必要的劳动条件，保证劳动者享有合法的劳动权益，按照劳动者提供的劳动数量、质量支付报酬。劳动合同有人身性，劳动合同中约定的权利、义务与劳动合同当事人的人身是不可分离的，除劳动者本人以外，任何其他人不可代替其行使权利和履行义务。张某既想做生意，又不想放弃国有企业的工作，所以雇用他人做“替身”代其工作，这种行为是违法的。我国《劳动法》第二十五条规定，劳动者严重违反劳动纪律或者用人单位规章制度的，用人单位有权解除劳动合同。因此，公司发现后可以据此解除与张某的劳动合同。

法律条文

《中华人民共和国劳动法》

第二十五条 劳动者有下列情形之一的，用人单位可以解除劳动合同：

（一）在试用期间被证明不符合录用条件的；

（二）严重违反劳动纪律或者用人单位规章制度的；

（三）严重失职，营私舞弊，对用人单位利益造成重大损害的；

（四）被依法追究刑事责任的。

《中华人民共和国劳动合同法》

第三十九条 劳动者有下列情形之一的，用人单位可以解除劳动合同：

……

（二）严重违反用人单位的规章制度的；

（三）严重失职，营私舞弊，给用人单位造成重大损害的；

（四）劳动者同时与其他用人单位建立劳动关系，对完成本单位的工作任务造成严重影响，或者经用人单位提出，拒不改正的；

……

用人单位应当按照法律规定和劳动合同的约定为劳动者提供劳动条件、按时发放劳动报酬、组织劳动培训等；劳动者也应当按照法律规定和劳动合同的约定向用人单位提供劳动，遵从用人单位的劳动管理和劳动安排，否则，用人单位将有权单方解除劳动合同，追究劳动者的违约责任。

23. 用人单位无故单方面强行解除合同，需要承担什么责任？

案例背景

严某大学毕业后凭借自己的努力进入了一家计算机公司担任总经理秘书一职，并与公司签订了为期三年的劳动合同。严某在工作期间一直兢兢业业，从未违反公司规定。某日，严某却突然接到公司通知，称公司下周将要与其解除劳动合同，没有任何理由，也没有任何赔偿。严某还以为是公司弄错了，自己没有任何失职行为，而且合同也没有到期。于是，严某找到人事部门询问。工作人员告诉她，这是公司高层的决定，没有提到理由，他们也没办法。

学法有疑

那么，该公司无故单方面强行解除合同，应承担什么责任呢？

法律讲堂

公司单方面强行解除劳动合同的做法是错误的。对此，严某应先同公司沟通，明确解除合同的原因。劳动合同签订后，用人单位和劳动者都受到合同的约束。本案中，公司单方面强行解除合同，违反了法律规定，应向严某支付赔偿金。

法律条文

《中华人民共和国劳动合同法》

第四十七条 经济补偿按劳动者在本单位工作的年限，每满一年支付一个月工资的标准向劳动者支付。六个月以上不满一年的，按一年计算；不满六个月的，向劳动者支付半个月工资的经济补偿。

劳动者月工资高于用人单位所在直辖市、设区的市级人民政府公布的本地区上年度职工月平均工资三倍的，向其支付经济补偿的标准按职工月平均工资三倍的数额支付，向其支付经济补偿的年限最高不超过十二年。

本条所称月工资是指劳动者在劳动合同解除或者终止前十二个月的平均工资。

第四十八条 用人单位违反本法规定解除或者终止劳动合同，劳动者要求继续履行劳动合同的，用人单位应当继续履行；劳动者不要求继续履行劳动合同或者劳动合同已经不能继续履行的，用人单位应当依照本法第八十七条规定支付赔偿金。

第八十七条 用人单位违反本法规定解除或者终止劳动合同的，应当依照本法第四十七条规定的经济补偿标准的二倍向劳动者支付赔偿金。

一句话说法

为了保护劳动者的权益，法律规定了用人单位可以单方解除劳动合同，但需要支付给劳动者一定的赔偿金的情形。如果用人单位违反法律规定，擅自强行解聘劳动者，给劳动者造成损失的，则应当承担赔偿责任。

24. 在什么情况下，劳动者可以不通知用人单位而随时解除劳动合同？

案例背景

梁师傅是工作多年的矿工，带领着一帮新人常年在地下工作。在一次采矿任务中，梁师傅发现矿内情况异常，有出现坍塌的可能，便汇报领导请求停止采矿。没想到领导因为要赶一单交易不同意他们停止采矿，强令他们冒险作业，威胁说如果完成不了就都别干了。梁师傅知道继续作业的后果远比失去工作严重得多，最终决定带徒弟们离开。回到地面上之后，梁师傅要求与矿厂解除劳动合同，立即结算工资离职。

学法有疑

在什么情况下，劳动者可以不通知用人单位而随时解除劳动合同呢？

法律讲堂

本案中，梁师傅有权随时解除劳动合同而不用通知用人单位。在劳动生产过程中，存在着各种不安全因素，如不采取措施对劳动者加以保护，就会危害劳动者的身体健康和生命安全，妨碍生产的正常进行。因此，我国严格保护劳动者在履行劳动合同、进行生产劳动过程中的劳动安全卫生权利。

用人单位强令劳动者违章冒险作业，即用人单位的管理人员明知违反国家安全卫生规定，对劳动者生命安全或者身体健康具有危险性，仍然违章指挥，强令劳动者违反有关操作规程冒险作业。根据《劳动合同法》第三十二条的规定，劳动者拒绝用人单位管理人员违章指挥、强令冒险作业的，不视为违反劳动合同。劳动者对危害生命安全和身体健康的劳动条件，有权对用人单位提出批评、检举和控告。同时，根据《劳动合同法》第三十八条第二款的规定，用人单位以暴力、威胁或者非法限制人身自由的手段强迫劳动者劳动的，或者用人单位违章指挥、强令冒险作业危及劳动者人身安全的，劳动者可以立即解除劳动合同，不需事先告知用人单位。由此可见，用人单位强令冒险作业危及人身安全时，劳动者有权紧急撤离现场，这是当劳动者的劳动安全卫生权利受到侵害、生命健康权受到威胁时，法律赋予劳动者的紧急处置权。梁师傅拒绝用人单位强令冒险作业的要求，不视为违反劳动合同，他可以立即解除劳动合同，不需事先告知用人单位。

法律条文

《中华人民共和国劳动合同法》

第三十二条 劳动者拒绝用人单位管理人员违章指挥、强令冒险作业的，不视为违反劳动合同。

劳动者对危害生命安全和身体健康的劳动条件，有权对用人单位提出批评、检举和控告。

第三十八条第二款 用人单位以暴力、威胁或者非法限制人身自由的手段强迫劳动者劳动的，或者用人单位违章指挥、强令冒险作业危及劳动者人身安全的，劳动者可以立即解除劳动合同，不需事先告知用人单位。

一句话说法

在一些高危的行业中，如果用人单位存在强令劳动者违章冒险作业的情况，劳动者应该果断拒绝。即劳动者可以选择立即解除合同，且不用事先书面告知用人单位，法律也不会将此行为视为违约。

25. 用“末位淘汰制”解聘员工合法吗?

案例背景

石某大学毕业后进入一家软件公司做销售。按照公司规定，员工每个月的奖金根据业绩好坏来发放。石某因为刚毕业没什么经验，所以他的业绩总是公司最后一名，以至于奖金不高，工作压力还非常大。最近，该软件公司资金紧缺，于是公司便出台了一个“末位淘汰制”的新规定：每月业绩排在最后一名的销售人员将被公司解聘。石某顿时觉得压力更大了，他更加努力地跟客户沟通，向同事学习，可月底依然排在最后一名。公司要解除与他的劳动合同，但石某觉得这种规定很不合理。

学法有疑

那么，“末位淘汰制”的规定是否合法?

法律讲堂

“末位淘汰制”是违反法律规定的。我国《劳动法》第四条规定，用人单位应当依法建立和完善规章制度，保障劳动者享有劳动权利和履行劳动义务。法律允许并要求企业制订自己的规章制度，同时强调企业制订的规章制度必须合法，这不仅是为了规范劳动者履行劳动义务，更是为了保障劳动者合法合理享有劳动权利。本案中，该软件公司有权制订自己公司内部的劳动规章制度，但是，该制度不得违反法律的规定。

《劳动合同法》第三十九条专门规定了用人单位可以解除劳动合同的具体情形，除非劳动者出现第三十九条所列情况，否则用人单位不得任意解除与劳动者签订的劳动合同。本案中，该软件公司制订的销售人员“末位淘汰制”规定，就其制度内容来看，不管员工工作表现如何，只要其业绩是最后一名，就要被淘汰。但事实上，

“末位淘汰”的员工仅仅是业绩比他人低，并不代表不能胜任工作，也不一定代表给用人单位造成了经济损失，也没有不服从用人单位的人员安排，不存在解除劳动合同的合法理由。该软件公司规定的“末位淘汰制”不在法律规定的可解除劳动合同的法定范围之内，因此是没有法律依据的，应属无效。

法律条文

《中华人民共和国劳动法》

第四条 用人单位应当依法建立和完善规章制度，保障劳动者享有劳动权利和履行劳动义务。

《中华人民共和国劳动合同法》

第三十九条 劳动者有下列情形之一的，用人单位可以解除劳动合同：

（一）在试用期间被证明不符合录用条件的；

（二）严重违反用人单位的规章制度的；

（三）严重失职，营私舞弊，给用人单位造成重大损害的；

（四）劳动者同时与其他用人单位建立劳动关系，对完成本单位的工作任务造成严重影响，或者经用人单位提出，拒不改正的；

（五）因本法第二十六条第一款第一项规定的情形致使劳动合同无效的；

（六）被依法追究刑事责任的。

用人单位为了有效管理劳动者，有权在单位内部制订相关的规章制度。对于那些合法有效的规章制度，劳动者应当遵守，对于严重违反用人单位合法有效的规章制度的，用人单位有权单方解除劳动合同。

26. 公司因经营困难裁员，能否要求员工当天离职？

案例背景

杨某是某化妆品公司的老员工。一直以来，杨某对工作兢兢业业，认真负责，从未出过差池。某日，杨某一上班就接到被解雇的消息，并且被要求当天离职。包括杨某在内的好几个老员工都在当天收到了和他一样的通知。经询问得知是因为公司资金短缺，生产经营发生严重困难，公司高层决定裁减人员，以维持公司正常运转。裁减方案敲定的第二天，公司便通知所有符合裁减条件的员工，要求他们当天离职，并承诺公司会支付他们应得的经济补偿，且保证一旦公司情况好转，会优先考虑录用他们。但杨某等人认为这太仓促，也太草率，公司无权让他们当天离职。

学法有疑

那么，公司有权要求员工当天离职吗？

法律讲堂

公司的做法不符合法律规定。我国《劳动法》第二十七条和《劳动合同法》第四十一条明确规定，用人单位濒临破产进行法定整顿期间或者经营状况发生严重困难，确需裁减人员的，应当提前三十日向工会或全体职工说明情况，听取工会或职工的意见，经向劳动部门报告后，可以裁减人员。该化妆品公司由于生产经营发生严重困难，因此为了摆脱目前的危机，可以依法裁减人员。

但是，化妆品公司可以在作出裁减方案后立即让员工当场离职吗？根据《劳动法》第二十七条规定，用人单位裁减人员时必须经过以下必要程序：第一，用人单位在决定裁员时，应当提前三十日向工会或全体职工说明情况，听取工会或职工的意见；第二，用人单位裁减人员必须向劳动行政部门报告。这样的规定，是为了保证劳动者的利益，保证被裁减劳动者有思想准备，并为找新工作留出一定时间。本案中，该公司既没有通知工会，也没有把人员裁减方案向劳动行政部门报告，从程序上是违法的，因此该公司不能要求员工当天离职。

法律条文

《中华人民共和国劳动法》

第二十七条 用人单位濒临破产进行法定整顿期间或者生产经营状况发生严重困难，确需裁减人员的，应当提前三十日向工会或者全体职工说明情况，听取工会或者职工的意见，经向劳动行政部门报告后，可以裁减人员。

用人单位依据本条规定裁减人员，在六个月内录用人员的，应当优先录用被裁减的人员。

《中华人民共和国劳动合同法》

第四十一条 有下列情形之一，需要裁减人员二十人以上或者裁减不足二十人但占企业职工总数百分之十以上的，用人单位提前三十日向工会或者全体职工说明情况，听取工会或者职工的意见后，裁减人员方案经向劳动行政部门报告，可以裁减人员：

（一）依照企业破产法规定进行重整的；

（二）生产经营发生严重困难的；

（三）企业转产、重大技术革新或者经营方式调整，经变更劳动合同后，仍需裁减人员的；

（四）其他因劳动合同订立时所依据的客观经济情况发生重大变化，致使劳动合同无法履行的。

裁减人员时，应当优先留用下列人员：

（一）与本单位订立较长期限的固定期限劳动合同的；

（二）与本单位订立无固定期限劳动合同的；

（三）家庭无其他就业人员，有需要扶养的老人或者未成年人的。

用人单位依照本条第一款规定裁减人员，在六个月内重新招用人员的，应当通知被裁减的人员，并在同等条件下优先招用被裁减的人员。

当用人单位生产经营发生严重困难时，为了维护用人单位的正常运转和经济秩序的正常发展，法律允许用人单位裁减人员。但是，用人单位需要裁减人员时，必须提前三十日向全体职工说明情况，制订裁减人员方案，同时还应当向劳动行政部门报告。

27. 用人单位能否因劳动者患精神疾病而将其辞退?

案例背景

吴女士是某服装公司的设计总监。大学毕业时，吴女士成功应聘到该服装公司后便和相恋四年的男友登记结婚，婚后生有一子。这几年，吴女士在工作上平步青云，婚姻生活也非常美满，本该生活幸福的她却因为一场变故而沉浸在悲伤中无法自拔。原来，吴女士带儿子去郊外游玩时遭遇车祸，虽然吴女士死里逃生，但孩子不幸身亡。吴女士怎么也无法接受这个事实，意志极度消沉。后来，丈夫带她进行精神鉴定，发现吴女士因受到严重刺激导致精神分裂，情况非常严重，治愈的希望很小。公司得知后，便决定辞退吴女士。

学法有疑

该公司可否辞退吴女士?

法律讲堂

公司可以将吴女士辞退。法律规定，劳动者在工作中没有过失，但劳动合同已经无法正常履行，用人单位可以单方面解除劳动合同。根据《劳动合同法》第四十条的规定，劳动者患病或者非因工负伤，在规定的医疗期满后不能从事原工作，也不能从事由用人单位另行安排的工作的，用人单位提前三十日以书面形式通知劳动者本人或者额外支付劳动者一个月工资后，可以解除劳动合同。本案中，吴女士因儿子离世成为重度精神病患者，已经不能从事原来的工作，不能正常地履行劳动合同了。尽管这并不是吴女士的过错，但事实是吴女士已经不能胜任服装公司设计总监的工作，公司不得不与其解除劳动合同。

此处有两点必须注意：(1) 导致劳动者失去工作能力的疾病不能是职业病或因工负伤，不能与用人单位有关系，否则用人单位不能将其辞退；（2）劳动者患病、非因工负伤，失去工作能力后，用人单位不能立即解除合同，必须要给予一定的医疗期，医疗期结束后，再商谈解除合同的事宜。

法律条文

《中华人民共和国劳动合同法》

第四十条 有下列情形之一的，用人单位提前三十日以书面形式通知劳动者本人或者额外支付劳动者一个月工资后，可以解除劳动合同：

（一）劳动者患病或者非因工负伤，在规定的医疗期满后不能从事原工作，也不能从事由用人单位另行安排的工作的；

（二）劳动者不能胜任工作，经过培训或者调整工作岗位，仍不能胜任工作的；

（三）劳动合同订立时所依据的客观情况发生重大变化，致使劳动合同无法履行，经用人单位与劳动者协商，未能就变更劳动合同内容达成协议的。

劳动者患病或者非因工负伤的责任并不在用人单位，如果客观上已经造成劳动者无法继续在用人单位从事原工作或者用人单位另行安排的工作的，那么，劳动者就不具备在该用人单位工作的条件了，用人单位有权与其解除劳动关系。

28. 劳动者有权随时辞掉非全日制工作吗?

案例背景

刘某家庭生活非常困难，大学毕业后，为了减轻家里的负担，决定再做一份兼职，多赚点钱。于是，她通过朋友介绍接了一个兼职做文字编辑的工作。不用风吹日晒，用电脑完成即可，可以灵活安排时间，刘某做得很认真，也挣到了不少钱。后来，刘某工作越来越忙，没有时间再做兼职，于是立即向兼职单位提出了辞职。

学法有疑

兼职工作可以随时提出辞职吗?

法律讲堂

这种兼职工作属于非全日制用工，劳动者可以随时提出辞职。根据《劳动合同法》第七十一条的规定，非全日制用工双方当事人任何一方都可以随时通知对方终止用工。终止用工，用人单位不向劳动者支付经济补偿。法律赋予非全日制用工的劳动者和用人单位双方任意解除权，但终止用工时应该通知另一方。通知可以采用书面形式，也可以采用口头形式。案例中，刘某可以提出随时辞去自己的兼职工作，用人单位也不需支付经济补偿。

法律条文

《中华人民共和国劳动合同法》

第七十一条 非全日制用工双方当事人任何一方都可以随时通知对方终止用工。终止用工，用人单位不向劳动者支付经济补偿。

一句话说法

非全日制用工最突出的特点就是灵活性。法律赋予了用人单位和劳动者双方合同任意解除权，无论是用人单位一方，还是劳动者一方，都可以随时向另一方提出解除劳动合同，只需口头通知对方即可。

29. 用人单位可以拒绝给员工开具劳动合同解除证明吗?

案例背景

蒋某大学毕业后进入一家房地产中介公司做销售，由于工作能力很强，公司领导对其非常重视，一年后将蒋某升为了部门经理。后来，蒋某决定回老家发展，所以不打算再与公司续约了，公司想尽办法对其进行挽留，但都没有成功。蒋某离职时，公司却以各种理由迟迟不给他出具解除劳动合同的证明。蒋某多次跟公司交涉未果，导致在新公司无法入职，近两个月没有收入。

学法有疑

该公司可以拒绝给蒋某开具解除劳动合同证明吗?

法律讲堂

该公司不为蒋某开具解除劳动合同的证明的行为是违法的。根据我国《劳动合同法》第五十条第一款的规定，用人单位应当在解除或者终止劳动合同时出具解除或者终止劳动合同的证明，并在十五日内为劳动者办理档案和社会保险关系转移手续。另外，该法第八十九条规定，用人单位违反规定未向劳动者出具解除或者终止劳动合同的书面证明，由劳动行政部门责令改正；给劳动者造成损害的，应当承担赔偿责任。本案中，蒋某与公司多次交涉未果，公司拒不给蒋某开具合同解除证明，致使其在新公司无法入职，该公司的行为已经给蒋某造成了实际的经济损失，蒋某有权向劳动行政部门控告，要求公司为其开具合同解除证明，还可以要求公司进行赔偿。

法律条文

《中华人民共和国劳动合同法》

第五十条第一款 用人单位应当在解除或者终止劳动合同时出具解除或者终止劳动合同的证明，并在十五日内为劳动者办理档案和社会保险关系转移手续。

第八十九条 用人单位违反本法规定未向劳动者出具解除或者终止劳动合同的书面证明，由劳动行政部门责令改正；给劳动者造成损害的，应当承担赔偿责任。

一句话说法

劳动者入职后，用人单位应当履行与其签订劳动合同的义务；劳动者离职时，用人单位应当为其出具劳动合同解除或者终止的书面证明。用人单位拒不履行这两项义务的，劳动者均可以通过法律途径维护自己的合法权益。

30. 法律对解除劳动合同关系的证明有什么规定?

案例背景

孙某在某商贸公司担任会计一职，并与该公司签订了为期五年的劳动合同。工作到第三年，孙某决定结婚生子，放下工作一心照顾家庭，于是与公司协商解除劳动合同。公司领导见孙某心意已决，也没有过多挽留，便让人事部门出具了一份解除劳动合同的证明。孙某拿到证明一看，上面只有简单的一句“解除双方劳动合同关系”和公司的公章，他觉得似乎有点过于简单，非常疑惑，便找到有关人员询问。

学法有疑

孙某的疑惑是否有道理？这份简单的解除劳动合同关系的证明是否符合法律规定呢？

法律讲堂

这份证明不符合法律规定。根据《劳动合同法》第五十条第一款的规定，用人单位应当在解除或者终止劳动合同时出具解除或者终止劳动合同的证明，并在十五日内为劳动者办理档案和社会保险关系转移手续。孙某与用人单位解除劳动合同，用人单位应当出具解除劳动合同的证明。《劳动合同法实施条例》第二十四条对于证明应当包含的内容作出了明确的规定：“用人单位出具的解除、终止劳动合同的证明，应当写明劳动合同期限、解除或者终止劳动合同的日期、工作岗位、在本单位的工作年限。”所以，该公司为孙某出具的解除劳动关系的证明缺少很多必要内容，明显不符合法律规定。

法律条文

《中华人民共和国劳动合同法实施条例》

第二十四条 用人单位出具的解除、终止劳动合同的证明，应当写明劳动合同期限、解除或者终止劳动合同的日期、工作岗位、在本单位的工作年限。

《中华人民共和国劳动合同法》

第五十条第一款 用人单位应当在解除或者终止劳动合同时出具解除或者终止劳动合同的证明，并在十五日内为劳动者办理档案和社会保险关系转移手续。

用人单位与劳动者解除或者终止劳动关系时，应当同时出具能够证明劳动者在本单位的工作起止时间、工作岗位、劳动合同期限等与劳动者关系密切的证明材料。另外，用人单位还应当及时为劳动者办理档案和社会保险关系转移手续。

31. 负有保密义务的人员离职，应该得到公司的经济补偿吗？

案例背景

杨某早年经商积累了一定的经验，后来就职于一家商贸公司。由于有多年的经商经验，杨某很快便升到了销售部经理的职位，与公司签订了为期五年的劳动合同。由于工作性质特殊，合同中约定了“竞业限制”条款，即双方在解除或终止劳动合同后，杨某自离开公司之日起一年内，不得到生产经营同类产品或业务有竞争关系的其他公司任职，也不得自己生产经营与本公司有竞争关系的同类产品或业务，否则须赔偿企业的经济损失。公司将按照杨某的守约情况给予经济补偿。合同期满后，杨某想寻求更好的发展，便不再与该公司续订劳动合同。由于有竞业限制，工作不好找，杨某打算休息一年，遂要求公司按合同约定给予他经济补偿。

学法有疑

负有保密义务的人员离职，应该得到公司的经济补偿吗？

法律讲堂

杨某有权要求公司给予补偿。人才流动是很正常的事，人才在流动的同时，也会带走原企业的商业或技术秘密，这让企业对跳槽的员工有些顾虑。许多企业为了避免“商业秘密”流失，往往会在劳动合同中与掌握“商业秘密”的人员约定“竞业限制”条款，明确违约责任。但企业在约定“竞业限制”的同时也应当约定员工离职后在遵守该条款的前提下能得到的经济补偿，以维护员工的基本生活需求，保护其合法利益。杨某作为公司的销售部经理，可能掌握着公司的重要商业信息，公司便与杨某约定了“竞业限制”条款，根据我国《劳动合同法》第二十三条的规定，用人单位在竞业限制期限内应按月给予劳动者经济补偿。杨某离职后，因竞业限制一时无法找到合适的工作，原公司应当依法对其按月进行经济补偿。

法律条文

《中华人民共和国劳动合同法》

第二十三条 用人单位与劳动者可以在劳动合同中约定保守用人单位的商业秘密和与知识产权相关的保密事项。

对负有保密义务的劳动者，用人单位可以在劳动合同或者保密协议中与劳动者约定竞业限制条款，并约定在解除或者终止劳动合同后，在竞业限制期限内按月给予劳动者经济补偿。劳动者违反竞业限制约定的，应当按照约定向用人单位支付违约金。

第二十四条第一款 竞业限制的人员限于用人单位的高级管理人员、高级技术人员和其他负有保密义务的人员。竞业限制的范围、地域、期限由用人单位与劳动者约定，竞业限制的约定不得违反法律、法规的规定。

劳动者在与用人单位签订“竞业限制”条款时，应同时与单位约定关于经济补偿的方式、金额等。竞业限制的期限由双方约定，但最长不得超过两年。劳动合同终止或解除后，劳动者可根据合同约定和法律规定向用人单位要求经济补偿。

32. 企业精减人员，能否将即将退休的老员工辞退?

案例背景

张某是某汽修工厂的老员工，在该工厂工作了三十多年，还有两年就退休了。最近，张某却突然收到被工厂辞退的通知。张某去找厂领导询问情况，厂领导称随着科学技术水平的提高，工厂对职工的学历也有了更高的要求，像张某这样的老员工对新技术的学习和掌握能力都不太好，而且现在设备越来越先进，也不再需要那么多人，所以厂里决定精减人员，裁减部分员工。

学法有疑

作为厂里的老员工，张某能被辞退吗?

法律讲堂

张某不应该被辞退。根据《劳动合同法》第四十二条的规定，凡在本单位连续工作满十五年，且距法定退休年龄不足五年的劳动者，用人单位不能与其解除劳动合同。这是对用人单位的限制性规定，用人单位必须遵守。本案中，张某作为老员工，如果被辞退，再就业的可能性不大，其社会保险以及基本生活来源无法保障。且张某在汽修厂工作了三十多年，距法定退休年龄还有两年，符合法律规定的用人单位不得解除劳动合同的条件，所以张某不能被辞退。

法律条文

《中华人民共和国劳动合同法》

第四十二条　劳动者有下列情形之一的，用人单位不得依照本法第四十条、第四十一条的规定解除劳动合同：

（一）从事接触职业病危害作业的劳动者未进行离岗前职业健康检查，或者疑似职业病病人在诊断或者医学观察期间的；

（二）在本单位患职业病或者因工负伤并被确认丧失或者部分丧失劳动能力的；

（三）患病或者非因工负伤，在规定的医疗期内的；

（四）女职工在孕期、产期、哺乳期的；

（五）在本单位连续工作满十五年，且距法定退休年龄不足五年的；

（六）法律、行政法规规定的其他情形。

即将退休的劳动者，在用人单位已经奉献了多年，离开该单位后很难再就业，在生活和养老方面都将面临困难。因此为了保护劳动者的合法权益，法律明确规定，在本单位连续工作满十五年，且距法定退休年龄不足五年的，用人单位不得与其解除劳动合同。

33. 公司有权要求出卖公司客户信息的员工进行赔偿吗?

案例背景

小龙大学毕业后应聘到一家家具公司做销售。因为口才好、善于察言观色，小龙的业绩一直不错，几年下来积累了很多客户资源。某日，小龙和多年不见的朋友王某一起吃饭时，说起自己在家具城做得不错，手里积攒了很多客户。王某本人开了一家小型的家具公司，得知小龙手里有很多客户时，便向小龙提出高价购买他手中的客户资料。小龙一听高价便动了心，于是将手中的客户资料卖给了王某。不久之后，小龙出卖公司客户资料的事情被人知道了，公司决定辞退他，并要求他赔偿公司的损失。

学法有疑

公司是否有权要求小龙赔偿损失呢?

法律讲堂

公司有权要求小龙赔偿损失。劳动者应当做好职责内工作，对用人单位的秘密做好保密工作。很多工作岗位涉及企业的商业秘密，在这些岗位工作的劳动者应该珍视这些商业秘密，不能因为一己私利，就如小龙一样将手里的商业秘密变为谋利的手段。劳动者泄露企业的商业秘密，会给自己带来实质性的不利后果。我国《劳动合同法》第三十九条规定，劳动者严重失职，营私舞弊，给用人单位造成重大损害的，用人单位可以解除劳动合同。同时《劳动合同法》第九十条和《劳动法》第一百零二条都规定，劳动者违反保密事项，对用人单位造成经济损失的，应当依法承担赔偿责任。小龙将公司的客户资料私自出卖给他人，给公司造成经济损失，在解除与公司的劳动合同的同时，小龙还应赔偿公司的损失。

法律条文

《中华人民共和国劳动合同法》

第三十九条 劳动者有下列情形之一的，用人单位可以解除劳动合同：

……

（三）严重失职，营私舞弊，给用人单位造成重大损害的；

……

第九十条 劳动者违反本法规定解除劳动合同，或者违反劳动合同中约定的保密义务或者竞业限制，给用人单位造成损失的，应当承担赔偿责任。

《中华人民共和国劳动法》

第一百零二条 劳动者违反本法规定的条件解除劳动合同或者违反劳动合同中约定的保密事项，对用人单位造成经济损失的，应当依法承担赔偿责任。

一句话说法

劳动者在工作过程中难免会接触到用人单位的商业秘密，面对这种情况，劳动者必须遵守劳动合同中约定的保密条款，严守商业秘密。如果劳动者泄露用人单位的商业秘密，用人单位则有权将其辞退；劳动者因此给用人单位造成经济损失的，还应对损失进行赔偿。

34. 劳动者拒绝接受工作安排，用人单位可以解聘该劳动者吗？

案例背景

陈某是某炼钢厂的老员工，一直都在车间一线工作，平时很辛苦。最近，陈某总觉得胸闷不舒服，于是去医院就医，得知自己患上了心脏病，医生让他马上住院治疗，并建议他换工作。陈某向厂里说明情况后，在医院治疗了半个多月，情况明显好转。出院时，医嘱明确说明陈某还要长期吃药，并且不能再继续以前的工作了。厂里根据他的情况，决定将他安排到后勤部门做管理工作，但陈某嫌弃后勤工作工资太低，拒绝了厂里的安排。厂领导因此提出要解聘他。

学法有疑

炼钢厂可以解聘陈某吗?

法律讲堂

劳动者患病或者非因工负伤，在规定的医疗期满后应当及时回到工作岗位工作。但是有些人可能从体能、技能上来说已经不如以前，可能不太适合再从事原工作，尤其是一些技术工、体力工，更容易出现这样的情况。劳动者出现这样的情况后，用人单位应当根据劳动者的具体情况进行劳动岗位的变更。案例中，陈某在炼钢厂工作，他在患病后，体能下降，不能从事一线工作，厂里便安排他到后勤部门从事管理工作，是符合法律规定的。但是陈某因为后勤工作收入低而拒绝厂里的安排。那么，面对这种情况，炼钢厂可以解聘陈某吗？依据我国《劳动合同法》第四十条的规定，劳动者患病或者非因工负伤，在规定的医疗期满后不能从事原工作，也不能从事由用人单位另行安排的工作的，用人单位提前三十日以书面形式通知劳动者本人或者额外支付劳动者一个月工资后，可以解除劳动合同。因此，炼钢厂在陈某拒绝到后勤部门工作后，可以根据法律程序将其解聘。

法律条文

《中华人民共和国劳动合同法》

第四十条　有下列情形之一的，用人单位提前三十日以书面形式通知劳动者本人或者额外支付劳动者一个月工资后，可以解除劳动合同：

（一）劳动者患病或者非因工负伤，在规定的医疗期满后不能从事原工作，也不能从事由用人单位另行安排的工作的；

……

一句话说法

劳动者患病或者非因工负伤后，即使康复也很有可能无法继续从事之前的工作，离开原单位另谋职业也面临着一定的困难，因此，为了保护这些弱势劳动者的权益，法律明确规定，用人单位不得立即辞退劳动者，而是应该为其另行安排新的工作。但是，如果劳动者既不能从事原工作，又不从事用人单位安排的新工作，那么，用人单位可以依法将其辞退。

35. 女职工怀孕期间，无论如何用人单位也不能将其开除吗?

案例背景

林某大学毕业后就和初恋男友结了婚，婚后不久，林某便应聘到一家公司做文员。一年后，林某发现自己怀孕了，她非常高兴，便和朋友分享自己的喜悦。同时，她还从朋友那里得知，法律规定单位不能开除怀孕的妇女。于是，林某胆子大了起来：她每天迟到、早退，缺席例会，工作严重失职，给公司造成了很大的损失。公司对其多次提醒仍然无效，于是决定开除她，但林某称，公司不能因为职工怀孕、哺乳等原因将其开除。

学法有疑

林某的想法是正确的吗？

法律讲堂

林某的想法不正确。很多劳动者和用人单位都认为，用人单位不得开除在孕期、产期、哺乳期的女职工。但是，事实上这是对法律规定的保护女职工条款的错误理解。我国《劳动合同法》第四十二条规定，女职工在孕期、产期、哺乳期，用人单位不得因公司经营困难、劳动者不能胜任工作等原因将其开除。但如果女职工在孕期、产期、哺乳期内严重违反用人单位的规章制度，或严重失职，营私舞弊，给用人单位造成重大损害的，用人单位是可以与其解除劳动合同的。案例中，林某多次迟到、早退，并因工作严重失职给公司带来损失，因此公司可以依照《劳动合同法》第三十九条的规定解除与其的劳动合同。

法律条文

《中华人民共和国劳动合同法》

第三十九条 劳动者有下列情形之一的，用人单位可以解除劳动合同：

……

（二）严重违反用人单位的规章制度的；

（三）严重失职，营私舞弊，给用人单位造成重大损害的；

……

第四十条 有下列情形之一的，用人单位提前三十日以书面形式通知劳动者本人或者额外支付劳动者一个月工资后，可以解除劳动合同：

（一）劳动者患病或者非因工负伤，在规定的医疗期满后不能从事原工作，也不能从事由用人单位另行安排的工作的；

（二）劳动者不能胜任工作，经过培训或者调整工作岗位，仍不能胜任工作的；

（三）劳动合同订立时所依据的客观情况发生重大变化，致使劳动合同无法履行，经用人单位与劳动者协商，未能就变更劳动合同内容达成协议的。

第四十一条第一款 有下列情形之一，需要裁减人员二十人以上或者裁减不足二十人但占企业职工总数百分之十以上的，用人单位提前三十日向工会或者全体职工说明情况，听取工会或者职工的意见后，裁减人员方案经向劳动行政部门报告，可以裁减人员：

（一）依照企业破产法规定进行重整的；

（二）生产经营发生严重困难的；

（三）企业转产、重大技术革新或者经营方式调整，经变更劳动合同后，仍需裁减人员的；

（四）其他因劳动合同订立时所依据的客观经济情况发生重大变化，致使劳动合同无法履行的。

第四十二条 劳动者有下列情形之一的，用人单位不得依照本法第四十条、第四十一条的规定解除劳动合同：

……

（四）女职工在孕期、产期、哺乳期的；

……

对于孕期、产期、哺乳期的女职工，法律规定了特殊的保护制度，如减少工作时间、降低工作强度，但这并非意味着可以无视单位的规章制度。如果女职工在此期间严重违反了用人单位的规章制度的，用人单位仍有权将其辞退。

36. 合同期间因读研而辞职，是否需要支付违约金？

案例背景

林某大学主修的专业是会计，毕业后便进入一家会计师事务所做助理，同时签订了为期五年的劳动合同。工作到第二年时，林某觉得自己对会计专业的知识了解得还很少，觉得自己应该继续深造，于是萌生了考研的念头。为了平衡工作和学习，他向经理说明了自己的真实想法，表示自己考研期间不会耽误工作，但如果考上便要辞职。经理见他十分坚定，便答应了。几个月后，林某如愿考上了心仪的学校，便提出辞职。经理表示，因为林某提前解除合同，需支付一定的违约金。

学法有疑

林某是否需要支付违约金呢？

法律讲堂

随着经济的发展，社会竞争日趋激烈，更多的人认识到自身仍存在不足，要求继续深造，因此，生活中像林某这样的年轻人有很多。但是，这时候往往会面临工作与学习的抉择，与用人单位签订劳动合同的劳动者还面临着一定的违约风险。在合同期间内因再教育选择辞职的劳动者，需要支付违约金吗？用人单位与劳动者一旦签订劳动合同，双方就都有严格按合同的约定履行合同的义务，任何一方违约或违法提前要求解除或者终止合同的，都应赔偿因此给对方造成的损失。但是，依照我国《劳动合同法》第二十二条、第二十三条和第二十五条的规定，如果用人单位与劳动者之间没有关于专项培训费用或保密条款的约定，则不可以约定违约金条款。林某与该用人单位之间并不存在上述两种特殊情况，且林某已经提前和经理进行了协商，公司对林某辞职的情况是明知的，因此公司不能要求林某支付违约金。

法律条文

《中华人民共和国劳动合同法》

第二十二条 用人单位为劳动者提供专项培训费用，对其进行专业技术培训的，可以与该劳动者订立协议，约定服务期。

劳动者违反服务期约定的，应当按照约定向用人单位支付违约金。违约金的数额不得超过用人单位提供的培训费用。用人单位要求劳动者支付的违约金不得超过服务期尚未履行部分所应分摊的培训费用。

用人单位与劳动者约定服务期的，不影响按照正常的工资调整机制提高劳动者在服务期期间的劳动报酬。

第二十三条 用人单位与劳动者可以在劳动合同中约定保守用人单位的商业秘密和与知识产权相关的保密事项。

对负有保密义务的劳动者，用人单位可以在劳动合同或者保密协议中与劳动者约定竞业限制条款，并约定在解除或者终止劳动合同后，在竞业限制期限内按月给予劳动者经济补偿。劳动者违反竞业限制约定的，应当按照约定向用人单位支付违约金。

第二十五条 除本法第二十二条和第二十三条规定的情形外，用人单位不得与劳动者约定由劳动者承担违约金。

绝大多数情况下，用人单位在招聘时不得与劳动者约定由劳动者承担违约金。除非用人单位与劳动者之间有关于专项培训费用或保密条款的约定，否则劳动者不需要支付违约金。

37. 劳动者被判刑时，用人单位与其解约是否需要补偿？

案例背景

郑某是某建材厂的员工，虽然在该厂工作了将近一年，但和经理相处得非常不好。郑某认为经理经常难为自己，对自己工作上的小问题揪着不放，甚至有时还在公司全体员工面前批评自己。郑某感觉越来越不顺，就想要报复经理。某日，郑某看到厂里新引进了一批高级生产设备，想要让经理难堪，便一口气砸坏了所有设备。最后郑某以破坏生产经营罪被判处了三个月的管制，公司遂决定依法解除与郑某的劳动合同。郑某以合同未到期为由，要求公司进行补偿。

学法有疑

公司需要补偿郑某吗？

法律讲堂

公司不需要支付郑某经济补偿。郑某因破坏公司的生产设备，被依法追究刑事责任，公司可以依据《劳动合同法》第三十九条的相关规定，解除与郑某的劳动合同。由于该建材厂是依据法律相关规定解除与郑某的劳动合同的，不存在违约问题，不需要承担违约责任，因此，公司无须给予郑某相应的经济补偿。

法律条文

《中华人民共和国劳动合同法》

第三十九条 劳动者有下列情形之一的，用人单位可以解除劳动合同：

（一）在试用期间被证明不符合录用条件的；

（二）严重违反用人单位的规章制度的；

（三）严重失职，营私舞弊，给用人单位造成重大损害的；

（四）劳动者同时与其他用人单位建立劳动关系，对完成本单位的工作任务造成严重影响，或者经用人单位提出，拒不改正的；

（五）因本法第二十六条第一款第一项规定的情形致使劳动合同无效的；

（六）被依法追究刑事责任的。

劳动者被依法追究刑事责任的，用人单位有权依法解除劳动合同。因此而解除劳动合同的，用人单位并无过错，无须承担违约责任，也无须向劳动者支付经济补偿。

38. 用人单位违法解除劳动合同时，劳动者有权同时要求补偿金和赔偿金吗?

案例背景

陆某经朋友介绍到一家建筑公司当工人，劳动合同期限为三年。一天，陆某在工作期间不慎从五楼摔下，工友们立即将其送到医院。经过抢救，陆某虽然脱离了生命危险，但伤势严重仍需长期治疗，且体质大不如前，丧失了大部分劳动能力。公司见陆某不能再胜任建筑工作，便单方解除了与陆某的劳动合同。陆某得知后非常生气，于是找到公司领导理论，但最终还是被解雇了。无奈之下，陆某要求公司支付补偿金和赔偿金。

学法有疑

陆某的要求能实现吗?

法律讲堂

陆某只能要求公司支付赔偿金。依照《劳动合同法》第四十二条的规定，陆某在本单位因工负伤并被确认部分丧失劳动能力后，建筑公司不能以陆某不能胜任工作为由解除劳动合同，建筑公司单方解除劳动合同的行为属于违法行为。根据《劳动合同法实施条例》第二十五条和《劳动合同法》第八十七条的规定，用人单位违反规定解除或者终止劳动合同，应当依照《劳动合同法》第四十七条规定的经济补偿标准的两倍向劳动者支付赔偿金，用人单位支付了赔偿金的，不再支付经济补偿。所以，陆某要求建筑公司同时支付补偿金和赔偿金的请求是不能实现的。针对陆某的情况，他应该去申请做工伤鉴定，鉴定出伤残等级后，陆某就能依法获得相应的工伤赔偿，使自己的合法权益得到维护。

法律条文

《中华人民共和国劳动合同法实施条例》

第二十五条 用人单位违反劳动合同法的规定解除或者终止劳动合同，依照劳动合同法第八十七条的规定支付了赔偿金的，不再支付经济补偿。赔偿金的计算年限自用工之日起计算。

《中华人民共和国劳动合同法》

第四十二条 劳动者有下列情形之一的，用人单位不得依照本法第四十条、第四十一条的规定解除劳动合同：

……

（二）在本单位患职业病或者因工负伤并被确认丧失或者部分丧失劳动能力的；

……

第八十七条 用人单位违反本法规定解除或者终止劳动合同的，

应当依照本法第四十七条规定的经济补偿标准的二倍向劳动者支付赔偿金。

一句话说法

用人单位违法解除或者终止劳动合同的，应当依法向劳动者支付赔偿金。这一规定，事实上是对用人单位违法解除或者终止劳动合同的惩罚性条款，要求用人单位按照经济补偿标准的二倍支付赔偿金。

39. 劳动者离职后，用人单位有权不返还职工档案吗？

案例背景

2019年年初，冯某到一家大型广告公司应聘助理一职，经过层层面试，最终脱颖而出，并与该广告公司签订了为期三年的劳动合同。工作半年后，冯某突然接到母亲打来的电话，称在老家的父亲生病了，要求冯某尽快回去照顾并以后在老家发展。冯某无法拒绝母亲的要求，只能向公司提出辞职。可是该公司认为冯某是难得的人才，不愿意放她走，便一直借故不将冯某的职工档案交还给她。冯某非常生气，想到劳动行政部门讨要说法。

学法有疑

公司的做法是否不合理？劳动行政部门会怎么做？

法律讲堂

用人单位扣押劳动者档案及私人物品的行为显然是不合理的。如果因用人单位的行为给劳动者造成了损失，则应承担赔偿责任。《劳动合同法》第八十四条规定，劳动者依法解除或者终止劳动合同，用人单位扣押劳动者档案或者其他物品的，由劳动行政部门责令限期退还劳动者本人，并以每人五百元以上两千元以下的标准处以罚款；给劳动者造成损害的，应当承担赔偿责任。本案中，冯某已经依法解除了与该广告公司的劳动合同，公司已无权持有冯某的职工档案，应当尽快交还冯某，否则，要被追究责任并处以相应的行政罚款，赔偿冯某的损失。

法律条文

《中华人民共和国劳动合同法》

第八十四条 用人单位违反本法规定，扣押劳动者居民身份证等证件的，由劳动行政部门责令限期退还劳动者本人，并依照有关法律规定给予处罚。

用人单位违反本法规定，以担保或者其他名义向劳动者收取财物的，由劳动行政部门责令限期退还劳动者本人，并以每人五百元以上二千元以下的标准处以罚款；给劳动者造成损害的，应当承担赔偿责任。

劳动者依法解除或者终止劳动合同，用人单位扣押劳动者档案或者其他物品的，依照前款规定处罚。

劳动者依法解除或者终止劳动合同后，劳动者与用人单位之间的用工关系即告终结，劳动者应当返还持有用人单位的相关财物，而用人单位也应当依法将劳动者的档案等材料交还给劳动者。需要注意的是，用人单位不得以任何理由扣押劳动者的任何证件、财物，否则将由劳动行政部门责令退还，因此给劳动者造成损失的，还应当承担赔偿责任。

40. 劳动关系解除后，用人单位能否马上销毁劳动合同？

案例背景

薛某毕业于某名牌大学，毕业后就职于一家小型服装设计公司，劳动合同期限为五年。合同存续期间，公司一直未将属于薛某的那份合同交还给他。薛某虽觉不妥，但因初入社会没有经验，也不想因小事跟公司闹不愉快，便一直没提。但五年下来，因公司发展前景一般，待遇也非常不合理，薛某决定不再续约，另找了一家大型的服装设计公司。于是，薛某向现公司说明了自己的情况并提出不再续签合同。公司见薛某去意已决便不再挽留。后来，因新公司要求工作经历证明，薛某便向原公司索要之前签订的劳动合同，公司告知其解除的合同均已销毁。

学法有疑

公司可以马上销毁刚解除劳动关系的劳动合同吗？

法律讲堂

劳动关系解除后，用人单位不可以马上销毁劳动合同文本。根据我国《劳动合同法》第五十条第三款的规定，用人单位对已经解除或者终止的劳动合同的文本，至少保存两年备查。本案中，用人单位马上销毁劳动合同的行为是违反法律规定的。

法律条文

《中华人民共和国劳动合同法》

第五十条第三款 用人单位对已经解除或者终止的劳动合同的文本，至少保存二年备查。

一句话说法

劳动合同属于档案材料，用人单位应当保存一定的年限，不得将解除或者终止的劳动合同文本立即销毁。这样规定也是为了便于劳动者再就业，维护双方的合法权益。

第4章 什么样的劳动合同才有效

41. 劳动者有欺诈行为，其与用人单位签订的劳动合同是否有效?

案例背景

2019年7月，刚刚大学毕业的张某感受到了就业压力，理想的用人单位对于劳动者学历的要求都很高，而张某仅仅是专科毕业。无奈之下，张某想到了一个办法，决定谎报学历，在简历上填写某专业硕士学位。就这样，张某如愿进入了自己理想的公司工作，并与该公司签订了为期五年的劳动合同。工作一年后，公司的同事王某意外得知张某谎报学历入职的事，并将此事告知公司。后来，公司经过核实后确定张某面试时谎报了学历。

学法有疑

张某在谎报学历的情况下与该公司签订的劳动合同是否有效？

法律讲堂

随着就业竞争的加剧，用人单位对于劳动者学历的要求也越来越高。对于一些学历偏低的劳动者来说，他们在职场竞争中就可能处于劣势。于是，有些求职者在求职时，便会谎报自己的学历，以期获得更好的机会。但是，根据《劳动合同法》第三条、第八条的规定，订立劳动合同，应当遵循合法、公平、平等自愿、协商一致、诚实信用的原则。用人单位和劳动者均应当履行如实告知与劳动合同直接相关的基本情况的义务。由此可见，求职者张某在与公司签订劳动合同时没有遵循诚实信用的基本原则，也没有履行如实告知的法定义务，张某的做法是违法的。

另外，根据《劳动合同法》第二十六条第一款的规定，以欺诈、胁迫的手段或者乘人之危，使对方在违背真实意思的情况下订立或者变更劳动合同的，该合同无效或者部分无效。求职者在求职时，谎报自己的学历，属于明显欺诈行为，在这种情况下签订的劳动合同是没有法律效力的。同时，根据我国《劳动合同法实施条例》第十九条的规定，劳动者以欺诈、胁迫的手段或者乘人之危，使用人单位在违背真实意思的情况下订立或者变更劳动合同的，用人单位可以依法解除与劳动者的劳动合同。本案中，张某采用欺诈的方式与公司签订的劳动合同应被认定为无效，该公司可以依法解除与张某的劳动合同。

法律条文

《中华人民共和国劳动合同法》

第三条第一款 订立劳动合同，应当遵循合法、公平、平等自愿、协商一致、诚实信用的原则。

第八条 用人单位招用劳动者时，应当如实告知劳动者工作内容、工作条件、工作地点、职业危害、安全生产状况、劳动报酬，以及劳动者要求了解的其他情况；用人单位有权了解劳动者与劳动合同直接相关的基本情况，劳动者应当如实说明。

第二十六条第一款 下列劳动合同无效或者部分无效：

（一）以欺诈、胁迫的手段或者乘人之危，使对方在违背真实意思的情况下订立或者变更劳动合同的；

……

《中华人民共和国劳动合同法实施条例》

第十九条 有下列情形之一的，依照劳动合同法规定的条件、程序，用人单位可以与劳动者解除固定期限劳动合同、无固定期限劳动合同或者以完成一定工作任务为期限的劳动合同：

……

（六）劳动者以欺诈、胁迫的手段或者乘人之危，使用人单位在违背真实意思的情况下订立或者变更劳动合同的；

……

一句话说法

无论是用人单位还是劳动者，在签订劳动合同时都应当遵循诚实信用原则，如实地告知对方与用工有关的基本情况。如果一方违背诚实信用原则，甚至采用欺骗的手段，使对方违背自己的真实意思表示签订合同，该合同不发生法律效力。

42. 劳动合同到期后未续约但继续工作，合同是否继续有效？

案例背景

2016 年 7 月，就读于北京某大学的李某毕业后与一家公司签订了为期三年的劳动合同。2019 年 6 月，三年合同期限已满，李某一想到这三年来公司领导和同事对他的关心和照顾就不舍得离职。于是，他没有立刻离开该公司，仍旧留在工位工作，但既没有续签劳动合同，也没有办理终止合同的手续。而公司也没有提出任何异议。

学法有疑

如何从法律的角度看待这件事？

法律讲堂

根据我国《劳动合同法》的规定，用人单位应当与劳动者签订劳动合同，劳动合同终止、解除以后，用人单位应当与劳动者办理终止或解除劳动合同的手续，为劳动者出具终止、解除劳动合同证明书，劳动者按规定享受失业保险待遇，获得求职登记的凭证。符合劳动合同终止、解除条件的，如果用人单位与劳动者愿意继续维持劳动关系，应该续签合同。如果合同期满后，双方既没有解除劳动合同，也没有续签劳动合同，该怎么办呢？

依据《最高人民法院关于审理劳动争议案件适用法律若干问题的解释》第十六条第一款的规定，劳动合同期满后，劳动者仍在原用人单位工作，原用人单位未表示异议的，视为双方同意以原条件继续履行劳动合同。本案中，李某在合同期限届满之后，既没有与原公司续约，也没有办理终止合同的手续，但仍然在公司工作，且双方对现状没有异议，依法应视为双方续约。也就是说，在这种情况下，视为李某与公司之间仍旧存在劳动关系。

法律条文

《中华人民共和国劳动合同法》

第五十条 用人单位应当在解除或者终止劳动合同时出具解除或者终止劳动合同的证明，并在十五日内为劳动者办理档案和社会保险关系转移手续。

劳动者应当按照双方约定，办理工作交接。用人单位依照本法有关规定应当向劳动者支付经济补偿的，在办结工作交接时支付。

用人单位对已经解除或者终止的劳动合同的文本，至少保存二年备查。

《最高人民法院关于审理劳动争议案件适用法律若干问题的解释》

第十六条第一款 劳动合同期满后，劳动者仍在原用人单位工作，原用人单位未表示异议的，视为双方同意以原条件继续履行劳动合同。一方提出终止劳动关系的，人民法院应当支持。

签订劳动合同属于用人单位与劳动者之间的民事法律行为，可以适用合同法的基本原则，对于合同期满后，一方继续履行合同约定的义务，而另一方没有明确表示异议的，视为合同继续有效。

43. 用人单位有权擅自调换劳动者的工作岗位吗?

案例背景

陈某大学毕业后，经过层层面试进入一家汽车公司做销售，并与该公司签订了为期五年的劳动合同。陈某很喜欢这份工作，觉得既可以锻炼自己，也可以认识很多新朋友，每天都很开心。没过多久，陈某却收到公司的通知：要求陈某到公司的宣传部任职。陈某得知此事后多次找公司领导协商，但都未果。陈某非常生气，她认为公司擅自调换自己工作岗位的行为已经违反了合同中的规定，遂向劳动争议仲裁委员会提出了申诉。

学法有疑

用人单位有权擅自调换劳动者的工作岗位吗?

法律讲堂

用人单位不能随便调换劳动者的工作岗位。依法签订的劳动合同是具有法律效力的，签订合同的双方当事人必须严格履行合同中规定的义务。既没有法定的变更事由，也没有经过双方当事人协商，任何一方都不能随意变更合同的内容。工作岗位是劳动合同中十分重要的一项内容，也是劳动合同的必备条款之一，更改工作岗位可以视为对合同的变更。本案中，该汽车公司在没有与陈某协商的情况下，擅自变更陈某的工作岗位，是违反合同约定的行为。之后经多次协商亦无果，陈某有权通过劳动仲裁的途径维护自己的权益。

法律条文

《中华人民共和国劳动合同法》

第二十九条 用人单位与劳动者应当按照劳动合同的约定，全面履行各自的义务。

《中华人民共和国劳动法》

第十七条 订立和变更劳动合同，应当遵循平等自愿、协商一致的原则，不得违反法律、行政法规的规定。

劳动合同依法订立即具有法律约束力，当事人必须履行劳动合同规定的义务。

劳动合同的订立和变更都必须遵守平等自愿、协商一致的原则，任何一方不得强迫另一方签订合同。劳动合同一旦签订，对用人单位和劳动者均具有法律约束力，双方都应当全面履行自己的义务，在没有经过另一方的同意或者出现法定事由时，不得随意变更合同约定内容或者解除、终止合同。

44. 劳动合同中可以约定“发生伤亡事故本公司概不负责”吗？

案例背景

黄某家住在云南省某山区，家里条件非常差，黄某为维持生计，决定进城打工。刚到城里的黄某通过他人介绍到某建筑公司应聘建筑工人一职，老板觉得黄某人老实厚道，就决定将其留下来，并拿出一份劳动合同，合同中约定“发生伤亡事故本公司概不负责”的条款。黄某没什么文化，觉得能找到一份工作不容易，想都没想就签订了劳动合同。后来，黄某在一次施工中不慎摔伤，经过医院救治虽然保住了性命，但左腿粉碎性骨折，并且会留下后遗症。事后，黄某要求该建筑公司支付医疗费用。建筑公司则以劳动合同中早有约定为由，拒绝支付黄某的医疗费用。

学法有疑

黄某与建筑公司签订的合同是否有效？

法律讲堂

根据我国《劳动合同法》第二十六条的规定，用人单位免除自己的法定责任、排除劳动者权利的合同无效或者部分无效。本案中，黄某与建筑公司签订的合同中约定“发生伤亡事故本公司概不负责”的条款属于免除用人单位的责任，是违反法律规定的。根据《劳动合同法》《工伤保险条例》等法律法规的规定，用人单位应当为劳动者缴纳工伤保险费，发生工伤事故的，应当承担相应的法律责任。因此，劳动合同中的免责条款免除了自己的责任，侵害了劳动者的权利，是无效条款。

建筑行业是比较危险的行业，一些建筑公司为了减少支出、扩大收益，会要求职工签订如“发生伤亡事故本公司概不负责”等类似条款的合同，这些条款加重了劳动者的负担，有失公平，因此不能成为免责事由，用人单位不能以此作为逃避责任的理由。因此，黄某可以主张自己的合法权利，要求公司支付医疗费用。

法律条文

《中华人民共和国劳动合同法》

第二十六条 下列劳动合同无效或者部分无效：

（一）以欺诈、胁迫的手段或者乘人之危，使对方在违背真实意思的情况下订立或者变更劳动合同的；

（二）用人单位免除自己的法定责任、排除劳动者权利的；

（三）违反法律、行政法规强制性规定的。

对劳动合同的无效或者部分无效有争议的，由劳动争议仲裁机构或者人民法院确认。

《工伤保险条例》

第二条 中华人民共和国境内的企业、事业单位、社会团体、民办非企业单位、基金会、律师事务所、会计师事务所等组织和有雇工的个体工商户（以下称用人单位）应当依照本条例规定参加工伤保险，为本单位全部职工或者雇工（以下称职工）缴纳工伤保险费。

中华人民共和国境内的企业、事业单位、社会团体、民办非企业单位、基金会、律师事务所、会计师事务所等组织的职工和个体工商户的雇工，均有依照本条例的规定享受工伤保险待遇的权利。

用人单位与劳动者订立劳动合同应当遵循公平原则，用人单位不得通过合同约定的形式免除自己的法定责任、排除劳动者的权利，否则，该条款会因显失公平而无效，对劳动者不发生法律效力。

45. 劳动合同中的部分条款无效，该劳动合同有效吗？

案例背景

林某是某高校的学生。2019年5月，面临即将毕业的他忙着四处找工作。两个月后，林某正式毕业，同时他也成功应聘到一家商贸公司担任销售一职，双方准备签订劳动合同。当林某看到合同中写着试用期三个月时，他向该商贸公司提出了质疑，称自己只签订一年的劳动合同，而试用期就要三个月，这种条款显然不合理，因此该劳动合同也应该是无效的。

学法有疑

该劳动合同有效吗？

法律讲堂

本案中，林某与该商贸公司要签订为期一年的劳动合同，商贸公司却约定了三个月的试用期，这是不合法的。根据我国《劳动合同法》第十九条第一款的规定，劳动合同的期限一年以上不满三年的，试用期不得超过两个月。林某与商贸公司的劳动合同期限为一年，而林某的试用期却要三个月，该合同条款违反了法律规定，属于无效条款。但是，该合同是不是全部无效呢？我国《劳动合同法》第二十六条、第二十七条对此有明确规定，对劳动合同的无效或者部分无效有争议的，由劳动争议仲裁机构或者人民法院确认。劳动合同部分无效，不影响其他部分效力的，其他部分仍然有效。由此可知，本案中，林某的劳动合同中关于试用期规定的条款无效，但不影响其他条款的效力。也就是说，此合同中仅约定试用期条款无效，其他内容仍然有效。

法律条文

《中华人民共和国劳动合同法》

第十九条第一款 劳动合同期限三个月以上不满一年的，试用期不得超过一个月；劳动合同期限一年以上不满三年的，试用期不得超过二个月；三年以上固定期限和无固定期限的劳动合同，试用期不得超过六个月。

第二十六条第二款 对劳动合同的无效或者部分无效有争议的，由劳动争议仲裁机构或者人民法院确认。

第二十七条 劳动合同部分无效，不影响其他部分效力的，其他部分仍然有效。

劳动合同是用人单位与劳动者签订的有关劳动时间、劳动报酬、工作内容、双方权利与义务的书面协议，经双方签字后生效。除非劳动合同的全部内容均违反法律规定，否则劳动合同的部分内容无效，并不影响其他部分的效力，双方仍应遵守和履行。

46. 当用人单位与其他单位合并时，劳动者与原用人单位的劳动合同是否继续有效？

案例背景

孙某大学毕业后就与相恋多年的男友结婚了。婚后，孙某没有参加工作而是在家相夫教子，一家人生活得非常幸福。不料，孙某丈夫出差时遭遇车祸不幸去世，家里失去了唯一的经济来源。无奈之下，孙某只好四处去找工作。后来，孙某终于成功应聘到了一家公司，并与该公司签订了为期五年的劳动合同。孙某工作一年后，该公司因为经营原因，需要与另一家公司合并。两家公司合并成了一家新的公司，有了新的名称及法定代表人。孙某想知道，自己与原用人单位的劳动合同是否继续有效呢？

学法有疑

孙某与原公司的劳动合同还有效吗？

法律讲堂

公司合并，是指两个或两个以上的公司按照法定程序合并为一个公司。依据我国《劳动合同法》第三十四条的规定，用人单位发生合并或者分立等情况，原劳动合同继续有效，劳动合同由承继其权利和义务的用人单位继续履行。也就是说，用人单位发生合并，不影响原劳动合同的效力，原劳动合同继续有效，原合同中的权利义务由新的用人单位继续履行。用人单位变更名称的，应当变更劳动合同的用人单位名称。本案中，孙某所在公司发生合并，并有了新的名称及法定代表人，孙某与原公司的劳动合同继续有效。但是，因为用人单位名称发生变更，所以在劳动合同中应当变更该部分内容。除了变更劳动合同主体名称之外，其他约定均不改变，孙某仍需按照原劳动合同的规定履行义务，也继续享有权利。

法律条文

《中华人民共和国劳动合同法》

第三十四条 用人单位发生合并或者分立等情况，原劳动合同继续有效，劳动合同由承继其权利和义务的用人单位继续履行。

实践中经常会发生用人单位合并或分立的情况，此时，原用人单位的权利和义务将由承继其权利和义务的新的用人单位全部接受。因此，原用人单位与劳动者之间签订的劳动合同也应当由新的用人单位承继，双方继续履行该劳动合同。

47. 劳动者签订了无效的劳动合同，但已付出了劳动，那么该劳动者有权获得报酬吗？

案例背景

陈某没有考上大学，最终选择了一所职业学校就读。2019 年，陈某从学校毕业，应聘到一家广告公司做文员，并与该公司签订了为期三年的劳动合同。合同中约定试用期为两个月，试用期期间工资为 2500 元，试用期过后工资为 3000 元。陈某对这份工作很满意，于是很努力地工作。可等到发工资时，陈某却没有领到一分钱，于是他去找公司经理询问情况，经理称新员工的工资都是推后一个月才发，让陈某不要着急。陈某听后也没说什么，但没想到，第二个月陈某还是没有领到工资，公司领导甚至还拿合同要挟陈某。陈某无奈之下找到了身为律师的表姐，表姐看了陈某签的这份劳动合同后，指出该合同违反了法律的强制性规定，是无效合同。陈某听后很担心，如果这份劳动合同是无效的，那自己这两个月不是白干了吗？

学法有疑

陈某是不是拿不到这段时间的工资呢？

法律讲堂

本案中，尽管陈某与广告公司签订的合同无效，但陈某已经付出了劳动，应该取得这两个月的报酬。根据《劳动合同法》第二十八条之规定，即使劳动合同无效，但是由于劳动者已经付出了相应的劳动，那么，用人单位就应当参照本单位相同或者相近岗位的劳动者的报酬向付出劳动的人员支付劳动报酬。本案中，虽然陈某与广告公司签订的劳动合同被确认为无效合同，但对于陈某已付出的劳动，其有权获得报酬，广告公司应当支付相应的报酬。

法律条文

《中华人民共和国劳动合同法》

第二十八条 劳动合同被确认无效，劳动者已付出劳动的，用人单位应当向劳动者支付劳动报酬。劳动报酬的数额，参照本单位相同或者相近岗位劳动者的劳动报酬确定。

劳动者付出劳动，为用人单位提供了劳动，就应当获得相应的劳动报酬。即使用人单位没有与劳动者签订劳动合同，或者签订的劳动合同无效，都不能否认劳动者已经付出劳动的事实，用人单位必须向劳动者支付相应的报酬，否则劳动者可以运用法律武器维护自己应得的权益。

第 5 章 劳动合同的履行与变更

48. 非全日制用工的薪酬是怎样计算的?

案例背景

袁某曾经在一家百货公司做售货员，后来百货公司倒闭，袁某成了一名下岗职工。考虑到孩子正在读高中，家里经济负担较重，于是袁某在一个家政公司找了一份小时工的工作。袁某的工作时间和次数主要取决于雇主的要求，保证随叫随到。袁某在与家政公司签订劳动合同时，合同书中仅写明按袁某的工作时间计算工资，但是并未明确具体多长时间结算一次。袁某在百货公司上班时，工资是月结，但是对于这份工作，袁某有些疑惑，这种非全日制用工的薪酬是怎样计算的呢？

学法有疑

全日制用工的薪酬应该如何计算呢？

法律讲堂

根据我国《劳动合同法》第六十八条的规定可知，非全日制用工，是指以小时计酬为主，劳动者在同一用人单位一般平均每日工作时间不超过四小时，每周工作时间累计不超过二十四小时的用工形式。袁某在家政公司做小时工，属于非全日制用工。按照《劳动合同法》第七十二条的规定，非全日制用工小时计酬标准不得低于用人单位所在地人民政府规定的最低小时工资标准。薪酬的支付周期最长不得超过十五日。所以，袁某的工资应该是每隔十五日或者少于十五日结算一次。

法律条文

《中华人民共和国劳动合同法》

第六十八条　非全日制用工，是指以小时计酬为主，劳动者在同一用人单位一般平均每日工作时间不超过四小时，每周工作时间累计不超过二十四小时的用工形式。

第七十二条　非全日制用工小时计酬标准不得低于用人单位所在地人民政府规定的最低小时工资标准。

非全日制用工劳动报酬结算支付周期最长不得超过十五日。

为充分保障以小时计酬为主的非全日制用工劳动者获得报酬的权利，法律规定，劳动报酬的结算最长周期不得超过十五日。

49. 非全日制用工有时间限制吗?

案例背景

魏先生趁着有空闲，找了一份酒店的兼职工作，并与酒店签订了非全日制劳动协议。魏先生主要在午饭和晚饭时工作，每天三到五个小时，平均每日工作四个小时。后来，饭店管理模式改变，要求魏先生每日工作五个小时。魏先生称自己是非全日制工，不需要工作那么长时间。可是酒店却称，非全日制工并无时间限制，而且每天都可以工作。魏先生认为酒店的说法不对。那么，对于非全日制用工，在法律上是否有时间限制呢?

学法有疑

非全日制用工有时间限制吗？

法律讲堂

对于非全日制用工的时间，我国《劳动合同法》第六十八条规定，非全日制用工，是指以小时计酬为主，劳动者在同一用人单位一般平均每日工作时间不超过四小时，每周工作时间累计不超过二十四小时的用工形式。也就是说，非全日制工每周工作累计不得超过二十四个小时，每天不超过四个小时。此外，这里规定的工作时间是指在同一用人单位累计的工作时间。也就是说，非全日制用工还可以每天在一个或一个以上的用人单位工作。据此可知，在本案中，酒店称魏先生作为非全日制工没有用工时间限制的说法是错误的。

法律条文

《中华人民共和国劳动合同法》

第六十八条　非全日制用工，是指以小时计酬为主，劳动者在同一用人单位一般平均每日工作时间不超过四小时，每周工作时间累计不超过二十四小时的用工形式。

一句话说法

非全日制用工作为一种灵活就业形式，近些年在餐饮、超市等行业里适用非常广泛。基于其用工性质的特殊性，法律规定劳动者平均每日不得超过四小时，每周累计不得超过二十四小时。

50. 劳动合同中让职工加班的强制性规定有效吗?

案例背景

小雅刚入职到某餐厅担任服务员。该餐厅经常接待婚宴，四月和五月正是结婚的高峰期，因此劳动合同中约定服务员在每年四月、五月期间，需每天加班四个小时，周六、周日全天工作。小雅是个两岁孩子的母亲，平日里还要照顾孩子，所以对于这样的加班要求，小雅不能接受。于是，小雅就找到餐厅经理，希望能通融一下，允许自己不加班。经理却称这是合同统一规定的，接受不了的员工随时可以离开。小雅十分无奈，只好服从餐厅的加班安排。但是，对于这样强制加班的规定，在法律上是否有效呢?

学法有疑

劳动合同中让职工加班的强制性规定是有效的吗?

法律讲堂

劳动合同中让职工加班的强制性规定在法律上是无效的。根据我国《劳动法》第三十六条的规定，国家实行劳动者每日工作时间不超过八小时，平均每周工作时间不超过四十四小时的工作制度。也就是说，任何单位都不能随意延长工作时间，如果因特殊情况和紧急任务确需延长工作时间，也要按照国家有关规定执行。本案中，餐厅没有与小雅等劳动者进行协商，单方作出延长工作时间的强制性规定，这是不符合法律规定的。餐厅劳动合同规定的工作时间已超出了法律规定的限度。根据我国《劳动合同法》第二十六条的规定，劳动合同中违反法律、行政法规强制性规定的条款无效。因此，餐厅与劳动者签署的强制加班合同条款属于无效条款。

法律条文

《中华人民共和国劳动法》

第三十六条 国家实行劳动者每日工作时间不超过八小时、平均每周工作时间不超过四十四小时的工时制度。

第四十一条 用人单位由于生产经营需要，经与工会和劳动者协商后可以延长工作时间，一般每日不得超过一小时；因特殊原因需要延长工作时间的，在保障劳动者身体健康的条件下延长工作时间每日不得超过三小时，但是每月不得超过三十六小时。

《中华人民共和国劳动合同法》

第二十六条第一款 下列劳动合同无效或者部分无效：

……

（三）违反法律、行政法规强制性规定的。

……

一句话说法

劳动合同的签订是劳动关系双方意思表示一致的结果，但意思自治不得排除法律、行政法规强制性规定的适用，否则，该劳动合同可能构成法定无效情形。

51. 劳动者拒绝加班，用人单位可以扣发工资吗？

案例背景

邱某是某玩具厂的工人。某日，玩具厂接到一单出口生意，订单给定的供货时间较短，但订购数量很大，玩具厂一时忙得不可开交。眼看供货期临近，玩具生产数量还远远不够，厂长开始要求厂里的所有员工加班生产，务必在供货期之前完成。此后的两周，员工们不仅没了周末的休息时间，就连平时下班时间都晚了两个小时。邱某和其他工人都苦不堪言。后来，邱某实在受不了这样的工作强度，就跟领导提出不想再继续加班的想法。不料，领导非但没有安抚焦躁的邱某，还态度强硬地表明不参与加班就直接扣除半个月工资。那么，邱某拒绝加班，用人单位可以扣发其工资吗？

学法有疑

用人单位可以扣发邱某的工资吗？

法律讲堂

拒绝加班是劳动者的权利，用人单位不能因此而扣发劳动者的工资。根据我国《劳动合同法》第三十一条的规定，用人单位应当严格执行劳动定额标准，不得强迫或者变相强迫劳动者加班。用人单位安排加班的，应当按照国家有关规定向劳动者支付加班费。当然，如果确实因生产需要或者特殊情况而需要加班，用人单位可以与工会和劳动者进行协商以后，按照《劳动法》第四十一条的规定合理安排加班时间。但是在本案中，用人单位未与邱某等人商量就强制要求其加班，该行为严重违反了法律规定。

法律条文

《中华人民共和国劳动合同法》

第三十一条 用人单位应当严格执行劳动定额标准，不得强迫或者变相强迫劳动者加班。用人单位安排加班的，应当按照国家有关规定向劳动者支付加班费。

《中华人民共和国劳动法》

第四十一条 用人单位由于生产经营需要，经与工会和劳动者协商后可以延长工作时间，一般每日不得超过一小时；因特殊原因需要延长工作时间的，在保障劳动者身体健康的条件下延长工作时间每日不得超过三小时，但是每月不得超过三十六小时。

一句话说法

用人单位要严格地执行劳动定额标准，不得随意安排加班。如果确实有必要安排加班，要与职工协商，并且支付相应的加班费。

52. 用人单位变更负责人，会影响劳动合同的履行吗？

案例背景

王某是某大型超市的负责人，由于女儿要去美国留学，王某打算去国外陪读，于是，他辞掉了超市的工作。之后，超市又聘请了夏某作为负责人。夏某与王某的管理理念大不相同，夏某一入职就主张进行大规模人员裁减，节约经营成本，提升经济效益。夏某仔细查看了员工的劳动合同，大部分的合同期限为三年，夏某觉得三年的时间太长，不利于超市灵活经营，便将所有的合同期均减少一年。员工们感到不满，称原本的劳动合同规定的时间不能随意变更。而夏某则认为，原来的劳动合同是王某作为负责人时签订的，现在自己作为负责人，就不需要遵循王某任职时签订的劳动合同了。那么，夏某的观点是否正确？用人单位变更负责人，可以影响劳动合同的履行吗？

学法有疑

用人单位变更负责人，可以影响劳动合同的履行吗？

法律讲堂

根据我国《劳动合同法》第三十三条的规定，用人单位变更名称、法定代表人、主要负责人或者投资人等事项，不影响劳动合同的履行。在本案中，劳动合同双方是劳动者与用人单位，而不是劳动者和王某个人。夏某与王某的管理理念虽然不同，但是夏某也应该遵循法律的规定，不能随意变更和解除与公司员工之间的劳动合同。如果确实因为超市的经营需要，夏某可以根据超市的用人情况，对那些确实需要裁减的人员提前一个月告知，与其协商一致，并给予相应的经济补偿，从而达到精减人员的目的。

法律条文

《中华人民共和国劳动合同法》

第三十三条 用人单位变更名称、法定代表人、主要负责人或者投资人等事项，不影响劳动合同的履行。

用人单位和劳动者之间的劳动合同受到法律保护，双方应该严格按照法律的规定履行合同义务，用人单位不得以变更负责人等理由限制或者停止劳动合同的履行。

53. 劳动合同可以随时变更吗?

案例背景

何某是某皮鞋销售公司的员工。何某在正式入职时与该公司签订了为期三年的劳动合同。合同中明确约定，加班时间的计算以半小时为基数，并且详细列明了每个区间的计算方法，同时按照加班时间的长短分别约定了相应的加班费用。后来，公司发现如此计算加班费太过麻烦，严重占用了宝贵的人力资源。于是公司作出规定，无论员工加班与否，公司每个月都将多发放三百元的补助，但是除法定假日外，公司将不再计算员工的加班费用。何某和同事觉得这种做法对员工比较有利，于是在与公司协商一致的情况下，同意变更劳动合同中关于加班问题的规定。那么，劳动合同是否随时都可以变更呢?

学法有疑

劳动合同是否随时都可以变更呢?

法律讲堂

为了保障用人单位和劳动者的利益，在劳动合同签订以后，双方应该按照合同约定履行彼此的义务，不得单方擅自更改。但是，根据我国《劳动合同法》第三十五条的规定，用人单位与劳动者协商一致，可以变更劳动合同约定的内容。变更劳动合同，应当采用书面形式。变更后的劳动合同文本由用人单位和劳动者各执一份。据此可知，劳动合同的更改是在劳动者与用人单位协商一致的情况下方可进行的。本案中，该公司劳动合同中虽然对加班的薪酬计算有明确约定，但是鉴于在实际操作中过于麻烦，所以公司作出调整变更，并且就此项决议和员工达成了一致，此时对于劳动合同中约定的加班条款是可以作出变更的。对于变更后的合同，公司应该重新让员工签字，由用人单位和劳动者各执一份。

法律条文

《中华人民共和国劳动合同法》

第三十五条 用人单位与劳动者协商一致，可以变更劳动合同约定的内容。变更劳动合同，应当采用书面形式。

变更后的劳动合同文本由用人单位和劳动者各执一份。

一句话说法

一般而言，劳动合同签订以后，用人单位或者劳动者不得随意变更。但是如果变更事项经过双方的协商并且达成一致，就可以进行变更，同时变更的劳动合同必须采用书面形式，变更后的劳动合同文本分别由用人单位和劳动者各执一份。

第6章 劳动合同纠纷的处理

54. 因疫情不能申请劳动争议仲裁的，时效会耽误吗？

案例背景

2019 年 2 月，王女士因怀了二胎，不能胜任频繁的出差工作，向公司提出转岗申请。同年劳动节前夕，公司提出无闲置岗位，便与她解除了劳动合同。王女士称，她在公司初建时被招聘进来，至今在公司工作已达四年之久，没有功劳也有苦劳，现在因为怀了二胎身体不适就被解雇，心里实在委屈。2020 年春节期间，王女士与朋友们在微信群里闲聊时，得知她这种情况属于被公司侵犯了劳动权益，应该提起劳动仲裁来维权。而提起劳动仲裁是有时效限制的，依法规定为一年，王女发现当前月正是一年中时效的最后 1 个月。可是，正处于疫情严重期间，无法去申请劳动仲裁，王女士很着急，不知道怎么办。

学法有疑

王女士的劳动仲裁时效会因疫情而中止吗？

法律讲堂

王女士的劳动仲裁时效会因疫情而中止。虽然我国《劳动争议调解仲裁法》第二十七条规定的仲裁时效为一年，自当事人知道或应当知道其权利被侵害之日起计算。但是，仲裁时效并不是一个不可变的期间，其会因一些事由发生中止或中断。《人力资源社会保障部办公厅关于妥善处理新型冠状病毒感染的肺炎疫情防控期间劳动关系问题的通知》第三条中明确规定："因受疫情影响造成当事人不能在法定仲裁时效期间申请劳动人事争议仲裁的，仲裁时效中止。从中止时效的原因消除之日起，仲裁时效期间继续计算。"据此可知，新冠肺炎疫情导致当事人无法在法定期间内申请仲裁的，仲裁时效中止。王女士因为新冠肺炎疫情无法在法定仲裁时效期间内申请仲裁，仲裁时间应当中止，待能申请之时，王女士可以立即去申请仲裁。

法律条文

《中华人民共和国劳动争议调解仲裁法》

第二十七条 劳动争议申请仲裁的时效期间为一年。仲裁时效期间从当事人知道或者应当知道其权利被侵害之日起计算。

前款规定的仲裁时效，因当事人一方向对方当事人主张权利，或者向有关部门请求权利救济，或者对方当事人同意履行义务而中断。从中断时起，仲裁时效期间重新计算。

因不可抗力或者有其他正当理由，当事人不能在本条第一款规定的仲裁时效期间申请仲裁的，仲裁时效中止。从中止时效的原因消除之日起，仲裁时效期间继续计算。

劳动关系存续期间因拖欠劳动报酬发生争议的，劳动者申请仲裁不受本条第一款规定的仲裁时效期间的限制；但是，劳动关系终止的，应当自劳动关系终止之日起一年内提出。

《人力资源社会保障部办公厅关于妥善处理新型冠状病毒感染的肺炎疫情防控期间劳动关系问题的通知》

三、因受疫情影响造成当事人不能在法定仲裁时效期间申请劳动人事争议仲裁的，仲裁时效中止。从中止时效的原因消除之日起，仲裁时效期间继续计算。因受疫情影响导致劳动人事争议仲裁机构难以按法定时限审理案件的，可相应顺延审理期限。

一句话说法

法律不保护躺在权益上睡觉的人。仲裁或诉讼时效，是对权利人行使权限的一种督催机制。我们要善于把握时效制度，明白能够发生中止或中断时效的事由，做到心中有数、游刃有余。对于劳动仲裁时效来讲，当事人曾经主张过权利的，仲裁时效将重新计算；如果发生不可抗力或者有其他正当理由，导致当事人不能在前述法定期间内申请仲裁的，仲裁时效可以中止，待不可抗力或其他中止事由消除后，时效再继续计算。

55. 当事人申请劳动争议仲裁后，还可以自行和解吗？

案例背景

小邵是某高校刚毕业的大学生，应聘到某地产公司做销售员。在与公司签订劳动合同时，公司承诺，每名员工都享有十天的带薪婚假和每年五天的带薪年休假，并且在劳动合同中也有明文约定。后来，小邵因为要和男友结婚，遂向公司请了婚假。结婚后，小邵打算将年假一起休了，和男友一起度蜜月。休完假期后，小邵便回到公司安心工作。可是，在结算当月工资时，公司却扣掉了小邵半个月的工资。小邵很是不解，婚假和年休假在合同中明确约定是带薪的，小赵怀疑是财务方面在相关审批手续上搞错了。于是，小邵去向公司领导及财务部门进行解释，希望公司发还自己无故被扣的工资，却遭到了拒绝。在多次索要无果的情况下，小邵申请了劳动仲裁。在小邵申请劳动仲裁后，公司向小邵提出希望自行和解此事。那么，当事人申请劳动争议仲裁后，还可以自行和解吗？

学法有疑

小邵申请劳动争议仲裁后，公司还可以主张自行和解吗？

法律讲堂

劳动者和用人单位产生劳动争议以后可以提起仲裁，劳动争议仲裁是指劳动争议仲裁委员会根据当事人的申请，依法对劳动争议在事实上作出判断、在权利义务上作出裁决的一种法律制度。那么，如果劳动者提起了劳动争议仲裁，用人单位还能主张和解吗？根据我国《劳动争议调解仲裁法》第四十一条的规定，当事人申请劳动争议仲裁后，可以自行和解。达成和解协议的，可以撤回仲裁申请。据此可知，小邵向仲裁委提起仲裁以后，也是可以与公司进行和解的。如果双方就争议事项能够形成一致意见，达成和解协议，则小邵可以撤回仲裁申请。

法律条文

《中华人民共和国劳动争议调解仲裁法》

第四十一条 当事人申请劳动争议仲裁后，可以自行和解。达成和解协议的，可以撤回仲裁申请。

当事人提起仲裁以后，如果双方在此期间能够达成和解，则当事人可以撤回仲裁申请。对于用人单位在维护劳动者合法权益的前提下的和解行为，法律应该给予支持和鼓励，这也是尊重当事人意思自治的一种表现。

56. 职工亲属可以举报用人单位的违约行为吗？

案例背景

康某是某科技研发公司的设计师。某日，公司接到一个新的研发项目，由于任务繁重且时间非常有限，所以需要负责此项目的技术人员加班加点，只有这样才有可能保证在规定期限内完成工作任务。因此公司出台暂行规定，在此项目研发期间，所有技术人员一律取消周末休假。康某作为主要设计人员，以公司利益为重，没有丝毫怨言地投入到工作中。两个月以后，项目终于研发完成，大家都松了一口气，准备回归之前正常的工作状态，可是没想到公司却无理由要求员工们继续加班。康某的妻子小王对于丈夫连续工作、在任务完成的情况下仍然不能享受正常假期的情况十分不满，认为公司这样做违反了当初签订的劳动合同，也违反了法律关于休息制度的相关规定，于是想举报康某就职的公司。那么，小王作为员工亲属有权举报吗？

学法有疑

小王作为康某的亲属有权举报公司吗？

法律讲堂

小王作为员工亲属，是有权对用人单位的违法违约行为进行举报的。根据《劳动合同法》第七十九条的规定，任何组织或者个人对违反本法的行为都有权举报，县级以上人民政府劳动行政部门应当及时核实、处理，并对举报有功人员给予奖励。据此可知，小王依法享有举报用人单位违法行为的权利。

任何人都有权利对用人单位的违法行为进行举报，若经过核实，证明举报情况属实，有关机关还会对有功人员进行相应的奖励。法律对于民众的监督举报是鼓励和支持的，这样可以有效减少用人单位无视法律、损害劳动者权益情况的发生。

法律条文

《中华人民共和国劳动合同法》

第七十九条 任何组织或者个人对违反本法的行为都有权举报，县级以上人民政府劳动行政部门应当及时核实、处理，并对举报有功人员给予奖励。

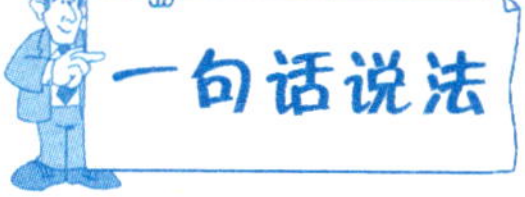

为了督促用人单位正确履行劳动合同，法律鼓励人们积极监督用人单位的行为，并且鼓励民众通过监督举报的方式来维护劳动者的合法利益。

57. 无效劳动合同给劳动者造成损害怎么办？

案例背景

小刘和小马是一对情侣，小刘在大学期间多次获得奖学金，并且曾被评为优秀学生干部，履历十分优秀。随着毕业季来临，小刘和小马参加学校组织的招聘会。在看了小刘的简历后，A 公司和 B 公司都觉得她十分优秀，想要聘用小刘。虽然 B 公司的待遇要比 A 公司高一倍，但是，A 公司提出，如果小刘到本公司工作，可以将小马的工作一起解决，并解决户口问题。于是小刘拒绝了 B 公司的高薪聘请，最终与 A 公司签订了劳动合同。可是，在劳动合同签订完成后，A 公司并没有如约解决小马的工作问题，而是称小刘和小马并非夫妻关系，公司无法为小马安排工作，也无法解决户口问题。小刘认为 A 公司的欺诈使得自己失去了 B 公司待遇更为优厚的工作，给自己造成了实际损失。于是小刘将 A 公司告上法庭，法院经审理查明，认定 A 公司通过欺诈方式致使小刘签订了劳动合同，该劳动合同被确认无效。那么，面对无效劳动合同造成的损害，劳动者该怎么办呢？

学法有疑

面对无效劳动合同造成的损害，小刘该怎么办呢？

法律讲堂

本案中，A 公司通过欺诈的方式与小刘签订了劳动合同，致使小刘放弃了 B 公司的高薪报酬，毫无疑问，A 公司的行为给小刘造成了巨大的损失。根据《劳动合同法》第二十六条的规定，以欺诈、胁迫的手段或者乘人之危，使对方在违背真实意思的情况下订立或者变更劳动合同的，劳动合同无效或者部分无效。可见，小刘与 A 公司所签订的劳动合同是无效合同。同时该法第八十六条规定：“劳动合同依照本法第二十六条规定被确认无效，给对方造成损害的，有过错的一方应当承担赔偿责任。”A 公司应当承担赔偿责任，赔偿因欺诈给小刘带来的损失。

法律条文

《中华人民共和国劳动合同法》

第二十六条 下列劳动合同无效或者部分无效：

（一）以欺诈、胁迫的手段或者乘人之危，使对方在违背真实意思的情况下订立或者变更劳动合同的；

……

第八十六条 劳动合同依照本法第二十六条规定被确认无效，给对方造成损害的，有过错的一方应当承担赔偿责任。

用人单位不得以欺诈、胁迫等手段使劳动者订立劳动合同，否则该合同即使签订，也会归于无效，用人单位还要赔偿因此给劳动者带来的损失。

58. 用人单位被吊销营业执照，劳动者该怎么办？

案例背景

温女士是某造纸厂的正式员工。2020 年，该造纸厂因为污水排放不达标而被有关部门勒令整改，但是经过整改后排放仍然不符合国家标准，最终造纸厂被相关部门吊销了营业执照。厂长称营业执照已被吊销，工厂不存在了，所有员工的劳动合同因此自动终止，让大家再另谋生路。工厂对员工们没有任何安排或是补偿，单方面通知所有员工自行离职即可。可是温女士觉得，工厂被吊销营业执照并不是员工们的过错，工厂不能没有任何补偿就随意将员工们打发走。那么，用人单位被吊销营业执照，劳动者们应该怎么办呢？用人单位应该给予劳动者适当补偿吗？

学法有疑

用人单位被吊销营业执照，应该给予劳动者适当补偿吗？

法律讲堂

用人单位被吊销营业执照，应当给予劳动者适当的补偿。我国《劳动合同法》第四十四条规定“有下列情形之一的，劳动合同终止：……（五）用人单位被吊销营业执照、责令关闭、撤销或者用人单位决定提前解散的”，第四十六条规定“有下列情形之一的，用人单位应当向劳动者支付经济补偿：……（六）依照本法第四十四条第四项、第五项规定终止劳动合同的”。本案中，造纸厂因为排放不达标问题而被吊销了营业执照，此时与所有员工的劳动合同依法终止。所以造纸厂应当依照法律制定的有关标准，支付温女士等员工相应的补偿。

法律条文

《中华人民共和国劳动合同法》

第四十四条 有下列情形之一的，劳动合同终止：

……

（五）用人单位被吊销营业执照、责令关闭、撤销或者用人单位决定提前解散的；

……

第四十六条 有下列情形之一的，用人单位应当向劳动者支付经济补偿：

……

（六）依照本法第四十四条第四项、第五项规定终止劳动合同的；

……

第四十七条 经济补偿按劳动者在本单位工作的年限，每满一年支付一个月工资的标准向劳动者支付。六个月以上不满一年的，按一年计算；不满六个月的，向劳动者支付半个月工资的经济补偿。

劳动者月工资高于用人单位所在直辖市、设区的市级人民政府公布的本地区上年度职工月平均工资三倍的，向其支付经济补偿的标准按职工月平均工资三倍的数额支付，向其支付经济补偿的年限最高不超过十二年。

本条所称月工资是指劳动者在劳动合同解除或者终止前十二个月的平均工资。

用人单位被吊销营业执照、责令关闭以后，其与劳动者的合同终止，但是应该按照国家规定的标准给予劳动者一定的经济补偿。

59. 用人单位在合同未到期时辞退员工，需要赔偿吗？

案例背景

宁某大学毕业以后到一家公司应聘网络管理工作，在对宁某进行深入的考核后，公司对宁某的能力很满意，双方遂签订了为期三年的劳动合同，宁某主要负责商品的线上销售管理工作。签订合同以后，宁某认真工作，在工作的前两年，每年都被评为先进个人。后来，公司由于商品质量问题而出现亏损，负责的领导却避开产品质量问题不谈，将责任推给宁某，认为是宁某负责的网络平台出现了问题才导致销量下降，给公司造成了损失，于是决定辞退宁某。但是，此时并无任何过错的宁某此时与公司签订的劳动合同尚未到期，在这种情况下辞退宁某，公司需要给予宁某一定的赔偿吗？

学法有疑

用人单位在合同未到期时辞退员工，需要赔偿吗？

法律讲堂

本案中，如果公司执意要辞退宁某，宁某是可以要求公司赔偿的。根据《劳动合同法》第四十八条的规定，用人单位违反规定解除或者终止劳动合同，劳动者要求继续履行劳动合同的，用人单位应当继续履行；劳动者不要求继续履行劳动合同或者劳动合同已经不能继续履行的，用人单位应当支付赔偿金。同时，该法第八十七条规定，用人单位违反该法规定解除或者终止劳动合同的，应当依照该法第四十七条规定的经济补偿标准的两倍向劳动者支付赔偿金。本案中，公司推卸责任，侵害宁某劳动权，辞退宁某，是违反法律规定的行为，应该予以经济赔偿。当然，如果公司依法支付了赔偿金就无需再支付经济补偿。

法律条文

《中华人民共和国劳动合同法》

第四十八条 用人单位违反本法规定解除或者终止劳动合同，劳动者要求继续履行劳动合同的，用人单位应当继续履行；劳动者不要求继续履行劳动合同或者劳动合同已经不能继续履行的，用人单位应当依照本法第八十七条规定支付赔偿金。

第八十七条 用人单位违反本法规定解除或者终止劳动合同的，应当依照本法第四十七条规定的经济补偿标准的二倍向劳动者支付赔偿金。

《中华人民共和国劳动合同法实施条例》

第二十五条 用人单位违反劳动合同法的规定解除或者终止劳动合同，依照劳动合同法第八十七条的规定支付了赔偿金的，不再支付经济补偿。赔偿金的计算年限自用工之日起计算。

一句话说法

因公司违法终止劳动合同，劳动者可以获得赔偿金。赔偿与补偿不可兼得，劳动者只能获得其中一项。

60. 对于违反竞业限制的劳动者应该如何处理?

案例背景

侯某是某重点大学的网络工程专业的学生，毕业后应聘到一家网络公司工作。由于侯某从事的工作涉及公司的核心技术机密，所以公司在和侯某签订劳动合同时规定了竞业限制条款，即侯某在职时要严守公司秘密，与本公司合同到期后两年内不得从事与该行业相关的工作。侯某对于此条款也表示理解和同意。后来，双方的劳动合同到期，在面对高福利待遇的诱惑下，侯某不顾当初的竞业限制条款，应聘到另外一家网络公司从事相同的工作。那么，对于侯某这样的违反竞业限制条款的劳动者，应该如何处理呢？侯某需要承担责任吗？

学法有疑

对于侯某应该如何处理呢？

法律讲堂

竞业限制是指劳动者在终止或解除劳动合同后的一定期限内，不得在生产同类产品、经营同类业务或有其他竞争关系的用人单位任职，也不得自己生产与原单位有竞争关系的同类产品或经营同类业务。竞业限制条款在劳动合同中为延迟生效条款，也就是劳动合同的其他条款法律约束力终结后，该条款才开始生效。根据《劳动合同法》第二十三条的规定，用人单位和劳动者可以自行约定竞业限制条款。第九十条规定，劳动者违反劳动合同中约定的保密义务或者竞业限制，给用人单位造成损失的，应当承担赔偿责任。本案中，侯某与原公司签订了竞业限制协议，在侯某与公司的劳动合同解除后，竞业限制条款开始生效，两年内，侯某不能从事相关的职业。但是侯某在劳动合同解除后，不顾该条款的限制，应聘到另一家同类公司做相同的工作，这显然违反了竞业限制条款。根据《劳动合同法》第二十三条和第九十条的规定，侯某应当承担违约责任。如果侯某的行为给原单位造成损失，还应该承担赔偿责任。

法律条文

《中华人民共和国劳动合同法》

第二十三条 用人单位与劳动者可以在劳动合同中约定保守用人单位的商业秘密和与知识产权相关的保密事项。

对负有保密义务的劳动者，用人单位可以在劳动合同或者保密协议中与劳动者约定竞业限制条款，并约定在解除或者终止劳动合同后，在竞业限制期限内按月给予劳动者经济补偿。劳动者违反竞业限制约定的，应当按照约定向用人单位支付违约金。

第九十条 劳动者违反本法规定解除劳动合同，或者违反劳动合同中约定的保密义务或者竞业限制，给用人单位造成损失的，应当承担赔偿责任。

竞业限制是用人单位对负有保守用人单位商业秘密的劳动者，在劳动合同、知识产权权利归属协议或技术保密协议中所作出的约定，如果劳动者违反了该条款，则需要承担违约责任，如果对用人单位造成了损失，还应当承担赔偿责任。

61. 发生劳动争议后，可以不经劳动仲裁直接向法院提起诉讼吗？

案例背景

罗某是某单位的机械设计师。某日，公司接到一个设计项目，交给罗某来完成。罗某接手以后，认真严谨地完成了该项目的设计工作。可是，当公司将设计方案交给客户时，客户称该项设计未达到自己之前预设的标准，不符合自己的需求，遂要求设计公司重新设计。但是作为设计师的罗某认为，这是按照目前该行业所能达到的最高标准进行的设计，自己已经尽了最大努力，如果客户仍不能满意，可以另聘他人。听到罗某的说辞，客户非常生气，遂取消了与该单位的合作。公司认为是罗某的原因造成了合作破裂，因此扣除了罗某一个月的工资。罗某对于公司的做法表示不服，想要申请劳动仲裁，又想向法院提起诉讼。那么，罗某可以不经过劳动仲裁直接向法院提起诉讼吗？

学法有疑

罗某可以不经过劳动仲裁直接向法院起诉吗？

法律讲堂

罗某是不能不经劳动仲裁就直接向法院提起诉讼的。我国《劳动法》第七十九条规定："劳动争议发生后，当事人可以向本单位劳动争议调解委员会申请调解；调解不成，当事人一方要求仲裁的，可以向劳动争议仲裁委员会申请仲裁。当事人一方也可以直接向劳动争议仲裁委员会申请仲裁。对仲裁裁决不服的，可以向人民法院提起诉讼。"同时，我国《劳动争议调解仲裁法》第五条规定："发生劳动争议，当事人不愿协商、协商不成或者达成和解协议后不履行的，可以向调解组织申请调解；不愿调解、调解不成或者达成调解协议后不履行的，可以向劳动争议仲裁委员会申请仲裁；对仲裁裁决不服的，除本法另有规定的外，可以向人民法院提起诉讼。"据此可知，我国的劳动争议实行"协商、调解、仲裁、诉讼"的处理机制。劳动争议仲裁程序是劳动争议诉讼的法定前置程序，即劳动争议当事人要想向人民法院提起诉讼，必须先向劳动争议仲裁委员会申请仲裁，当事人对劳动争议仲裁委员会仲裁裁决不服的，才可以向人民法院提起诉讼。

法律条文

《中华人民共和国劳动法》

第七十九条 劳动争议发生后，当事人可以向本单位劳动争议调解委员会申请调解；调解不成，当事人一方要求仲裁的，可以向劳动争议仲裁委员会申请仲裁。当事人一方也可以直接向劳动争议仲裁委员会申请仲裁。对仲裁裁决不服的，可以向人民法院提起诉讼。

《中华人民共和国劳动争议调解仲裁法》

第五条 发生劳动争议，当事人不愿协商、协商不成或者达成和解协议后不履行的，可以向调解组织申请调解；不愿调解、调解不成或者达成调解协议后不履行的，可以向劳动争议仲裁委员会申请仲裁；对仲裁裁决不服的，除本法另有规定的外，可以向人民法院提起诉讼。

我国的劳动争议仲裁具有强制性，劳动仲裁是劳动争议诉讼的前置程序，劳动者遇到劳动争议时应该先申请劳动仲裁，对仲裁裁决不服，才可以在法定时间内向法院提起诉讼。

62. 违法招用劳动者，给劳动者造成损害谁担责？

案例背景

因家境贫寒，鹏鹏十五岁时就跟着县城的包工头沈某一起干装修工作。2020年，沈某承包了某个服装公司的整体装修工作，接手以后，沈某就安排鹏鹏所在的工程队完成该项装修任务。在开工之前，沈某和鹏鹏等人签订了劳动合同，合同约定由鹏鹏等人自行承担工作中的风险。在装修中，鹏鹏不慎触电从高梯上摔下，导致右腿骨折，但沈某拒绝承担任何费用。那么，对鹏鹏造成的损害，到底应该由谁来承担责任呢？

学法有疑

违法招用劳动者，给劳动者造成损害谁担责？

法律讲堂

本案中，首先，鹏鹏和沈某约定的“自行承担风险”条款是否有效？根据《劳动合同法》第二十六条的规定，用人单位免除自己的法定责任、排除劳动者权利的劳动合同无效或部分无效。而沈某和鹏鹏的劳动合同的这一条款就是排除了沈某自己的责任，依法应当属于无效条款。其次，我国《劳动合同法》第九十四条规定：“个人承包经营违反本法规定招用劳动者，给劳动者造成损害的，发包的组织与个人承包经营者承担连带赔偿责任。”最后，沈某与未满十六周岁的鹏鹏签订劳动合同的行为违反了《劳动法》的相关规定，属于违法招用劳动者，劳动合同无效。所以，沈某违反了法律规定，作为包工头承包了服装公司的装修工作，则应该和服装公司对鹏鹏的损害承担连带赔偿责任。

法律条文

《中华人民共和国劳动法》

第十五条 禁止用人单位招用未满十六周岁的未成年人。

文艺、体育和特种工艺单位招用未满十六周岁的未成年人，必须遵守国家有关规定，并保障其接受义务教育的权利。

《中华人民共和国劳动合同法》

第二十六条 下列劳动合同无效或者部分无效：

……

（二）用人单位免除自己的法定责任、排除劳动者权利的；

（三）违反法律、行政法规强制性规定的。

……

第九十四条 个人承包经营违反本法规定招用劳动者，给劳动者造成损害的，发包的组织与个人承包经营者承担连带赔偿责任。

任何单位和个人都不得违法招用劳动者，也不能在合同中约定免除用人单位法定责任的条款，如果违反法律规定，给劳动者造成损害，用人单位将受到法律的追究。

63. 以威胁手段强迫劳动者进行劳动的行为违法吗?

案例背景

小邓经过同乡介绍来到某电子厂做计件工人。按照劳动合同约定，电子厂对工人提供食宿，所有工人一律住在工厂提供的集体宿舍里。可是，自从正式投入工作以后，小邓所在部门的领班每天要求员工从早上8点干到晚上11点，中午和晚上各有一个小时的吃饭时间。由于劳动时间过长，加之劳动强度又大，没过多久，小邓等人就觉得吃不消了。于是纷纷找到领导，要求减少工作时间，并且支付自己相应的加班费用。但是工厂领导未因工人的不满而有所收敛，反而变本加厉，威胁小邓等人：如果小邓等人不听话，就找人教训他们，而且一分钱也不给他们。无奈之下，小邓等人只得委曲求全，继续工作。那么，公司这样威胁他们进行劳动的做法是不是合法呢?

学法有疑

以威胁手段强迫劳动者进行劳动的行为违法吗?

法律讲堂

本案中，工厂以“不听话就找人教训”等言辞威胁小邓等人工作的行为明显是违法的。根据我国《劳动合同法》第八十八条的规定，用人单位以暴力、威胁或者非法限制人身自由的手段强迫劳动的，依法给予行政处罚；构成犯罪的，依法追究刑事责任；给劳动者造成损害的，应当承担赔偿责任。据此，工厂的行为已经严重违反了法律规定，应当依据相关违法事实给予行政处罚或追究刑事责任。除此以外，工厂威胁员工工作，给员工身心带来了巨大的伤害，工厂应该承担相应的赔偿责任。

法律条文

《中华人民共和国劳动合同法》

第八十八条 用人单位有下列情形之一的，依法给予行政处罚；构成犯罪的，依法追究刑事责任；给劳动者造成损害的，应当承担赔偿责任：

（一）以暴力、威胁或者非法限制人身自由的手段强迫劳动的；

……

用人单位应该以合法合理的方式给员工安排工作，如果以暴力、威胁或者非法限制人身自由等手段强迫劳动者劳动，将会受到法律的惩处，同时还可能承担相应的赔偿责任。

64. 用人单位体罚劳动者是否应该承担责任?

案例背景

韩某是某灯具厂新入职的员工,该灯具厂平日里对员工们的管理非常严格,稍有不慎就可能受到处罚。韩某刚刚来到公司,对于公司的日常管理和规章制度还不太熟悉,所以工作上难免出现差错。某日,韩某在工作时不慎将几箱新装好的灯具撞倒,导致多个灯具损坏。主管领导十分生气,认为韩某作为新人,应当加重处罚才能使韩某牢记自己的错误,于是让韩某抱着一叠资料站在工厂门口示众。韩某认为单位这样是对自己变相体罚,已经严重伤害了自己的尊严,这种行为是应当承担法律责任的。那么,如果用人单位确实存在体罚劳动者的情况,应该承担什么样的责任呢?

学法有疑

用人单位体罚劳动者是否应该承担责任？

法律讲堂

劳动者是受国家和法律保护的群体，任何人都不得超越法律规定对劳动者身心进行伤害。根据我国《劳动合同法》第八十八条的规定，用人单位侮辱、体罚、殴打、非法搜查或者拘禁劳动者的，依法给予行政处罚；构成犯罪的，依法追究刑事责任；给劳动者造成损害的，应当承担赔偿责任。本案中，灯具厂的变相体罚行为已经伤害到了韩某的尊严，是法律禁止的行为，所以灯具厂不但要承担相应的法律责任，而且还应当向韩某进行相应的赔偿。

法律条文

《中华人民共和国劳动合同法》

第八十八条 用人单位有下列情形之一的，依法给予行政处罚；构成犯罪的，依法追究刑事责任；给劳动者造成损害的，应当承担赔偿责任：

……

（三）侮辱、体罚、殴打、非法搜查或者拘禁劳动者的；

……

用人单位不得随意体罚和殴打劳动者。因用人单位不法行为遭受损害的劳动者，一定要积极主张权利，学会拿起法律武器来维护自己的合法权益，保护自己。

65. 因职工工伤而依法终止劳动合同，用人单位应该给予哪些补偿？

案例背景

孟某是某餐具加工厂的车间工人，某日，孟某在车间工作时因操作不慎，将左手手指卷进了正在运行的机器当中。在事发后第一时间，孟某就被送往医院进行紧急抢救，但由于粉碎程度过于严重，最终孟某失去了左手的半个手掌，经医院鉴定确认为八级伤残。孟某已不能再继续胜任原来的工作。医疗期满后，单位根据孟某情况为其另行安排可胜任的工作，但孟某已决定不在该单位继续工作。最终，单位依法解除了与孟某的劳动合同。孟某因工受伤，并落下残疾，因此要求单位给予自己一定的补偿。可是，孟某也不知道自己该要求哪些补偿。那么，因工伤而依法终止劳动合同，用人单位应该给予劳动者哪些补偿呢？

学法有疑

因工伤而依法终止劳动合同，用人单位应该给予劳动者哪些补偿呢？

法律讲堂

根据《劳动合同法实施条例》第二十三条的规定，用人单位依法终止工伤职工的劳动合同的，除支付经济补偿外，还应当依照国家有关工伤保险的规定支付一次性工伤医疗补助金和伤残就业补助金。同时，《劳动合同法》第四十五条规定：“丧失或者部分丧失劳动能力劳动者的劳动合同的终止，按照国家有关工伤保险的规定执行。”《工伤保险条例》第三十七条规定：“职工因工致残被鉴定为七级至十级伤残的，享受以下待遇：（一）从工伤保险基金按伤残等级支付一次性伤残补助金，标准为：七级伤残为13个月的本人工资，八级伤残为11个月的本人工资，九级伤残为9个月的本人工资，十级伤残为7个月的本人工资；（二）劳动、聘用合同期满终止，或者职工本人提出解除劳动、聘用合同的，由工伤保险基金支付一次性工伤医疗补助金，由用人单位支付一次性伤残就业补助金。一次性工伤医疗补助金和一次性伤残就业补助金的具体标准由省、自治区、直辖市人民政府规定。”

本案中，孟某因工致残，并最终鉴定为八级伤残，医疗期满后，工厂为孟某另行安排了其可胜任的其他工作，只是孟某已决定不再在该单位工作。用人单位属于依法与孟某终止劳动合同。此时孟某应当享有经济补偿金，依照鉴定的伤残等级而依法获得的11个月本人工资的一次性伤残补助金，还有一次性工伤医疗补助金和伤残就业补助金。

法律条文

《中华人民共和国劳动合同法实施条例》

第二十三条 用人单位依法终止工伤职工的劳动合同的，除依照劳动合同法第四十七条的规定支付经济补偿外，还应当依照国家有关工伤保险的规定支付一次性工伤医疗补助金和伤残就业补助金。

《中华人民共和国劳动合同法》

第四十五条 劳动合同期满，有本法第四十二条规定情形之一的，劳动合同应当续延至相应的情形消失时终止。但是，本法第四十二条第二项规定丧失或者部分丧失劳动能力劳动者的劳动合同的终止，按照国家有关工伤保险的规定执行。

《工伤保险条例》

第三十七条 职工因工致残被鉴定为七级至十级伤残的，享受以下待遇：

（一）从工伤保险基金按伤残等级支付一次性伤残补助金，标准为：七级伤残为13个月的本人工资，八级伤残为11个月的本人工资，九级伤残为9个月的本人工资，十级伤残为7个月的本人工资；

（二）劳动、聘用合同期满终止，或者职工本人提出解除劳动、聘用合同的，由工伤保险基金支付一次性工伤医疗补助金，由用人单位支付一次性伤残就业补助金。一次性工伤医疗补助金和一次性伤残就业补助金的具体标准由省、自治区、直辖市人民政府规定。

用人单位依法终止工伤职工劳动合同时，应当支付经济补偿，劳动者被鉴定为七级到十级伤残的，用人单位还应该依照法律规定给予其对应标准的伤残补助金。

66. 因任务完成而终止劳动合同，劳动者会因此而得到补偿吗？

案例背景

某公司承担了一项技术革新项目，但是由于单位内部研发人员的水平有限，公司遂邀请了国内知名学者皮某担任该项目的负责人。公司与皮某就工作内容以及报酬等事项进行了商议，并且签订了劳动合同。合同中明确约定，该项目开发完毕以后劳动合同自动终止。后来，该项目顺利开发完毕，效果十分理想。按照合同约定，皮某得到了事前允诺的丰厚报酬，此时劳动合同自动终止，双方解除权利义务关系。但是皮某提出，除了报酬外，公司因劳动合同解除还应当给自己一定的经济补偿。那么，皮某能得到这份经济补偿吗？

学法有疑

因任务完成而终止劳动合同，劳动者会因此而得到补偿吗？

法律讲堂

《劳动合同法实施条例》第二十二条规定：“以完成一定工作任务为期限的劳动合同因任务完成而终止的，用人单位应当依照劳动合同法第四十七条的规定向劳动者支付经济补偿。”本案中，皮某完成项目开发的任务，与公司的劳动合同也因此终止。按照法律的规定，除了劳动报酬外，皮某还应该得到一定的经济补偿。《劳动合同法》第四十七条第一款规定：“经济补偿按劳动者在本单位工作的年限，每满一年支付一个月工资的标准向劳动者支付。六个月以上不满一年的，按一年计算；不满六个月的，向劳动者支付半个月工资的经济补偿。”所以，皮某获得的经济补偿的标准应该按照其在该单位工作的时间计算。

法律条文

《中华人民共和国劳动合同法实施条例》

第二十二条 以完成一定工作任务为期限的劳动合同因任务完成而终止的，用人单位应当依照劳动合同法第四十七条的规定向劳动者支付经济补偿。

《中华人民共和国劳动合同法》

第四十七条第一款 经济补偿按劳动者在本单位工作的年限，每满一年支付一个月工资的标准向劳动者支付。六个月以上不满一年的，按一年计算；不满六个月的，向劳动者支付半个月工资的经济补偿。

以完成一定工作任务为期限的劳动合同因任务完成而终止的，除了应当支付的劳动报酬外，用人单位仍然应当依照相关规定，根据劳动者工作的时间，向劳动者支付相应的经济补偿。

67. 员工与公司领导之间的个人矛盾是否属于劳动争议？

案例背景

小王是某公司新入职的员工，在入职后不久，就对同部门的同事小李产生了好感，并对小李展开了追求。在经过一段时间的相处后，小李觉得小王为人勤奋，而且还很有责任心，于是就答应了小王的追求。小李比小王早来公司两年，而且还与其上司张经理谈过一段时间的恋爱，公司人人皆知。因此，小王内心一直耿耿于怀，对于张经理安排的工作，小王总是应付了事，而张经理也经常毫不留情地在大家面前点名批评小王。一来二去，小王和张经理之间的矛盾就越来越深。小王觉得张经理处处针对自己，明显就是利用职务之便对自己进行打击报复，于是就想以此为由申请劳动仲裁。那么，小王与张经理之间的矛盾属于劳动争议吗？

学法有疑

员工与公司领导之间的矛盾属于劳动争议吗？

法律讲堂

员工与公司领导之间的矛盾不属于劳动争议。我国《劳动争议调解仲裁法》第二条规定："中华人民共和国境内的用人单位与劳动者发生的下列劳动争议，适用本法：(一) 因确认劳动关系发生的争议；(二) 因订立、履行、变更、解除和终止劳动合同发生的争议；(三) 因除名、辞退和辞职、离职发生的争议；(四) 因工作时间、休息休假、社会保险、福利、培训以及劳动保护发生的争议；(五) 因劳动报酬、工伤医疗费、经济补偿或者赔偿金等发生的争议；(六) 法律、法规规定的其他劳动争议。"由此可见，法律对于劳动争议范围作了详细规定。本案中，张经理与小王之间的争议，并不在法律规定的劳动争议范围内，而是他们二人的私人恩怨导致，当然不属于劳动争议仲裁案件的受案范围。双方的矛盾应当由公司采取合理方式进行解决。

法律条文

《中华人民共和国劳动争议调解仲裁法》

第二条 中华人民共和国境内的用人单位与劳动者发生的下列劳动争议，适用本法：

(一) 因确认劳动关系发生的争议；

(二) 因订立、履行、变更、解除和终止劳动合同发生的争议；

(三) 因除名、辞退和辞职、离职发生的争议；

(四) 因工作时间、休息休假、社会保险、福利、培训以及劳动保护发生的争议；

(五) 因劳动报酬、工伤医疗费、经济补偿或者赔偿金等发生的争议；

（六）法律、法规规定的其他劳动争议。

一句话说法

劳动纠纷的内容涉及劳动权利和劳动义务，是为实现劳动关系而产生的争议。如果劳动者与用人单位之间的矛盾只是与劳动权利义务无关的个人恩怨，则不属于劳动纠纷的范畴。

68. 工会如何发挥维护劳动者合法权益的职能?

案例背景

董某应聘到一家电器公司做技术员，在经过试用期后，与公司签订了正式劳动合同。合同约定，如果工作需要，董某需要服从公司的加班安排，同时公司会根据加班时间，按照国家法律的相关规定支付董某加班费用。后来，董某在工作中多次因需要而加班工作，可是，公司并没有如约支付加班费。董某对此十分气愤，多次询问公司领导有关加班费用支付的事宜，但领导每次都敷衍了事。董某遂决定向工会求助。那么，工会是怎样发挥维护劳动者合法权益职能的呢？

学法有疑

工会是怎样发挥维护劳动者合法权益职能的呢？

法律讲堂

工会组织可以与雇主商谈工资、工作时限和工作条件等。根据《劳动合同法》第七十八条的规定，工会依法维护劳动者的合法权益，对用人单位履行劳动合同、集体合同的情况进行监督。用人单位违反劳动法律、法规和劳动合同、集体合同的，工会有权提出意见或者要求纠正；劳动者申请仲裁、提起诉讼的，工会依法给予支持和帮助。据此可知，董某与单位签订劳动合同以后，单位工会应依照法律规定，充分发挥法律赋予的职能，来维护劳动者的合法权益。比如，用人单位单方解除劳动合同时，应当事先将理由通知工会，用人单位应当研究工会的意见，并将处理结果书面通知工会，这样可以有效地避免用人单位损害劳动者合法权益的情况。

法律条文

《中华人民共和国劳动合同法》

第七十八条 工会依法维护劳动者的合法权益，对用人单位履行劳动合同、集体合同的情况进行监督。用人单位违反劳动法律、法规和劳动合同、集体合同的，工会有权提出意见或者要求纠正；劳动者申请仲裁、提起诉讼的，工会依法给予支持和帮助。

工会是保障工人利益的组织，其依法对用人单位履行劳动合同、集体合同的情况进行监督，当用人单位不按约履行合同时，依法提出意见或者要求用工单位改正纠正。特别是在劳动者利益受损时，能够给予劳动者最大的支持和帮助。

第7章 试用期与服务期问题

69. 劳动者在试用期内请病假，单位直接辞退合法吗？

案例背景

王某应聘到一家超市做理货员，约定试用期为一个月。在试用期内，王某在家中下楼时不慎跌伤，经医院检查，确诊为轻微骨折，医生建议王某休养一个星期，下肢尽量不要负重。王某听了医生的建议，便向单位提交了休病假的申请。不料，该超市不仅没有准许王某病假的申请，还直接辞退了他。王某感到非常委屈，认为自己不应该就这样被辞退，况且虽然自己暂时不能继续从事理货工作，仍然可以做一些其他简单的工作。那么，该超市直接辞退王某的行为是否合法呢？

学法有疑

用人单位能直接辞退试用期员工吗？

法律讲堂

该超市作出直接辞退王某的决定是不合法的。劳动关系自用工之日起建立，即使是试用期，也受到法律保护。对于用人单位单方辞退劳动者的问题，我国《劳动合同法》第三十九条规定了用人单位因劳动者存在过失而单方解除劳动合同的情形，第四十条规定了用人单位可提前三十日以书面形式通知劳动者本人或者额外支付劳动者一个月工资后解除劳动合同的情形。由此可知，劳动者患病或者非因工负伤，在规定的医疗期满后不能从事原工作，也不能从事由用人单位另行安排的工作的，用人单位可以辞退劳动者。本案中，王某虽然受伤，但仍然可以从事其他简单的工作，也不影响康复后继续从事原来的工作，因此，该超市不能直接辞退王某。

法律条文

《中华人民共和国劳动合同法》

第七条 用人单位自用工之日起即与劳动者建立劳动关系。用人单位应当建立职工名册备查。

第三十九条 劳动者有下列情形之一的，用人单位可以解除劳动合同：

（一）在试用期间被证明不符合录用条件的；

（二）严重违反用人单位的规章制度的；

（三）严重失职，营私舞弊，给用人单位造成重大损害的；

（四）劳动者同时与其他用人单位建立劳动关系，对完成本单位的工作任务造成严重影响，或者经用人单位提出，拒不改正的；

（五）因本法第二十六条第一款第一项规定的情形致使劳动合同无效的；

（六）被依法追究刑事责任的。

第四十条 有下列情形之一的，用人单位提前三十日以书面形式通知劳动者本人或者额外支付劳动者一个月工资后，可以解除劳动合同：

（一）劳动者患病或者非因工负伤，在规定的医疗期满后不能从事原工作，也不能从事由用人单位另行安排的工作的；

（二）劳动者不能胜任工作，经过培训或者调整工作岗位，仍不能胜任工作的；

……

一句话说法

有些用人单位利用试用期辞退员工的便利，任意解除劳动合同，通过试用期的低工资来节省经营成本，肆意侵害劳动者合法权利。为遏制此类恶意用工现象发生，法律规定了试用期内劳动者的相关权利，有效保障了劳动者的合法权益。

70. 试用期间员工因故请假，试用期可以重新计算吗？

案例背景

高某刚刚大学毕业，身材高挑，相貌出众，成功应聘到一家酒店，担任大堂经理一职。双方签订了劳动合同，约定了三个月的试用期。高某全身心地投入到工作中，试用期经过了两个月，她的工作成绩非常好，受到领导的表扬。不料，在一次上班途中，高某被一辆轿车蹭伤，不得不住院观察一周，高某向公司请了病假并得到了允许。一周以后她回到单位，却被告知她的试用期因为病假归零了，需要重新计算。高某不服，难道自己过去两个月的辛苦都不算数了吗？那么，该酒店的做法是否有法律依据呢？

学法有疑

试用期间员工因故请假，试用期可以重新计算吗？

法律讲堂

该酒店的做法是没有法律依据的。试用期是为了用人单位检验劳动者是否符合工作岗位要求而设立的。为防止用人单位滥用试用期制度，我国《劳动合同法》第十九条第二款规定："同一用人单位与同一劳动者只能约定一次试用期。"用人单位和劳动者在约定的试用期内足可以互相了解、双向选择，此后不论劳动合同发生何种变化，均不能再次约定试用期，更不得以任何理由延长试用期限。在本案中，高某因意外事故住院，该酒店借此机会想重新计算试用期实际上是变相再次约定试用期，此行为侵犯了高某的合法权益，违反了法律的规定。

法律条文

《中华人民共和国劳动合同法》

第十九条第二款 同一用人单位与同一劳动者只能约定一次试用期。

在试用期间，劳动者和用人单位之间的劳动关系还是一种非正式的状态，此时，一些用人单位试图找借口重新计算试用期，使试用员工无法按期转正。劳动者应通过法律手段维护自身合法权益。

71. 非全日制用工能约定试用期吗?

案例背景

李某去面试了一份餐厅服务生的工作，约定工作时间为每晚7点至9点。双方谈好工作报酬后，餐厅提出要和李某约定试用期，试用期通过以后李某才能正式成为餐厅员工。李某觉得很疑惑，本来工资就不高，现在又要约定试用期，按照原先谈好的报酬的80%支付试用期工资，自己在短期内根本赚不到多少钱。那么，该餐厅是否可以和非全日制的员工约定试用期呢?

学法有疑

在非全日制工作中可以约定试用期吗?

法律讲堂

一般而言，非全日制用工的劳动报酬要低于全日制用工，如果再约定试用期的话，劳动者的报酬将所剩无几。为避免用人单位把非全日制劳动者当成廉价劳动力，侵害劳动者合法权利，我国《劳动合同法》第七十条规定:“非全日制用工双方当事人不得约定试用期。”本案中的李某属于“非全日制用工”形式，因此，根据法律规定，该餐厅不得和李某约定试用期。

法律条文

《中华人民共和国劳动合同法》

第七十条 非全日制用工双方当事人不得约定试用期。

一句话说法

在非全日制劳动关系中，有关工作时间和期限、工作内容、劳动报酬、劳动保护等方面的内容均由双方当事人协商约定，但对于试用期制度的适用，法律是明令禁止的。

72. 用人单位以试用期为由和劳动者单独签订试用合同的行为合法吗?

案例背景

赵某是某知名高校毕业的IT精英，大学毕业后出国深造两年，最终决定回国发展。经过职位筛选，赵某去了一家大型软件公司面试。面试过程中，该公司的领导对赵某的专业素养给予了高度肯定，同意录用其为公司的技术总监。该公司一贯对新进员工约定三个月的试用期，经试用期合格后才签订书面劳动合同。但考虑到公司急需赵某这样的人才，公司人力资源部打算在试用期内先以书面形式与其签订一份试用合同，试用期满后立即签订正式劳动合同，以防止人才的流失。那么，该公司能这样做吗?

学法有疑

用人单位在试用期内和劳动者签订试用合同的行为合法吗?

法律讲堂

我国《劳动合同法》规定试用期的意义就是为了保障用人单位和劳动者双方的利益，双方是否签订劳动合同是一个双向选择的过程。根据我国《劳动合同法》第十九条的规定，试用期包含在劳动合同期限内。劳动合同仅约定试用期的，试用期不成立，该期限为劳动合同期限。《劳动合同法》第十条规定："建立劳动关系，应当订立书面劳动合同。已建立劳动关系，未同时订立书面劳动合同的，应当自用工之日起一个月内订立书面劳动合同。"由此可见，在本案中，该公司在试用期内与赵某签订仅包含试用期的试用合同是不合法的，该约定期限将被视为劳动合同的期限。正确的做法是，该公司在赵某进入公司工作后最迟一个月内就与其订立书面劳动合同。

法律条文

《中华人民共和国劳动合同法》

第十条 建立劳动关系，应当订立书面劳动合同。

已建立劳动关系，未同时订立书面劳动合同的，应当自用工之日起一个月内订立书面劳动合同。

……

第十九条第四款 试用期包含在劳动合同期限内。劳动合同仅约定试用期的，试用期不成立，该期限为劳动合同期限。

试用期只能包含在正式劳动合同之中，用人单位不能在签订正式劳动合同之前与劳动者单独签订试用合同。法律严格禁止用人单位以单独订立试用合同的方式侵害劳动者的合法权益。

73. 用人单位是否可以在试用期内辞退劳动者?

案例背景

马某是某高校金融专业的博士生,其在应聘过程中,总是吹嘘自己在校期间多次获得奖学金和各种荣誉。凭借优秀的学习经历,马某顺利进入一家上市公司工作。双方约定试用期为三个月,经试用合格后待遇从优。可是,过了一段时间,该单位领导渐渐觉得马某的工作能力与其宣称的有很大出入,由于马某未按流程办事,严重违反了公司的规章制度,还险些给公司造成严重的经济损失。于是公司领导经过讨论,决定辞退马某。马某认为试用期还没有结束,公司根本没有完全了解自己的真实能力,不应在试用期间辞退自己。那么,该公司的做法是否合法呢?

学法有疑

用人单位是否可以在试用期内辞退劳动者？

法律讲堂

法律规定试用期的目的，是用人单位和劳动者双方在试用期内双向考察，以便做出双向选择。关于用人单位是否可以在试用期内辞退劳动者，我国《劳动合同法》第三十九条规定："劳动者有下列情形之一的，用人单位可以解除劳动合同：（一）在试用期间被证明不符合录用条件的；（二）严重违反用人单位的规章制度的；（三）严重失职，营私舞弊，给用人单位造成重大损害的……"据此，马某在工作中严重违反公司的规章制度，该公司在试用期内辞退马某是合法的。

法律条文

《中华人民共和国劳动合同法》

第三十九条 劳动者有下列情形之一的，用人单位可以解除劳动合同：

（一）在试用期间被证明不符合录用条件的；

（二）严重违反用人单位的规章制度的；

（三）严重失职，营私舞弊，给用人单位造成重大损害的；

（四）劳动者同时与其他用人单位建立劳动关系，对完成本单位的工作任务造成严重影响，或者经用人单位提出，拒不改正的；

（五）因本法第二十六条第一款第一项规定的情形致使劳动合同无效的；

（六）被依法追究刑事责任的。

一句话说法

试用期是用人单位和劳动者为了相互了解而设定的考察期。经考察，劳动者不愿意继续留岗工作的，可以单方解除劳动合同。相应的，用人单位认为考察后不符合录用条件的，也享有单方解除权。

74. 在试用期内，用人单位可以不给劳动者报酬吗？

案例背景

娄某是某大专院校的应届毕业生，由于所学专业比较冷门，所以毕业一年多他都没能找到满意的工作。后来，娄某在某网站上看到一家单位发布的前台招聘信息，遂前去应聘。单位领导对娄某的外在条件和待人接物的表现比较满意，决定录用她。接到录用通知的娄某兴奋不已，第二天一大早就到单位办理了入职手续。但是在签订劳动合同时，娄某发现试用期内是没有薪资报酬的，只能等到下一个月转正以后才能正常领取工资。娄某虽没有什么就业经验，但是在找工作期间也对工资发放、保险缴纳等问题有一定的了解，她觉得单位这样的规定不太合理，开始犹豫要不要签这份合同了。那么，在试用期内，单位可以不给娄某报酬吗？

学法有疑

在试用期内，用人单位可以不给劳动者报酬吗？

法律讲堂

按照法律规定，用人单位可以与劳动者约定试用期。但是，约定试用期并不意味着劳动者在这段时间内就是免费劳动力，也就是说，即使是在试用期，用人单位也应该支付劳动者报酬。而且，所给报酬的标准是有法律规定的，我国《劳动合同法实施条例》第十五条明确规定："劳动者在试用期的工资不得低于本单位相同岗位最低档工资的80%，或者不得低于劳动合同约定工资的80%，并不得低于用人单位所在地的最低工资标准。"据此可知，本案中，单位在试用期内不发放报酬是违反法律规定的。

法律条文

《中华人民共和国劳动合同法实施条例》

第十五条 劳动者在试用期的工资不得低于本单位相同岗位最低档工资的80%或者不得低于劳动合同约定工资的80%，并不得低于用人单位所在地的最低工资标准。

一句话说法

劳动者在试用期内享有全部的劳动权利，包括获得劳动报酬的权利、休息休假的权利、享受社会保险的权利等。用人单位不能以试用期为由对劳动者的权利加以限制，试用期零报酬的规定是不合法的。

75. 用人单位可以随意规定试用期吗?

案例背景

某五星酒店招聘后厨人员若干，丁某听说以后前去应聘，经过面试，丁某被该酒店录用。可是，在签订劳动合同之前，酒店管理人员告知丁某，由于该酒店对厨师的要求严格，所以每名员工在上班之前都要经过一段时间的培训，培训合格以后，还要经过一年的试用期才可以转为正式员工。丁某觉得自己对培训一事还能够接受，但一年的试用期未免过长，觉得公司的规定不太合理。而酒店负责人却说酒店是他们的，他们可以随意规定试用期。那么，酒店负责人的说法是正确的吗?

学法有疑

用人单位可以随意规定试用期吗?

法律讲堂

用人单位可以与劳动者约定试用期，但是试用期限的长短要符合法律的规定，用人单位不能随意规定。根据我国《劳动法》第二十一条的规定可知，试用期最长不得超过六个月。《劳动合同法》第十九条对试用期又进一步规定："劳动合同期限三个月以上不满一年的，试用期不得超过一个月；劳动合同期限一年以上不满三年的，试用期不得超过二个月；三年以上固定期限和无固定期限的劳动合同，试用期不得超过六个月。"试用期是用人单位和劳动者彼此了解、确定双方是否符合自己要求的一个考察期，规定一定期限的试用期对于双方决定是否确定劳动关系以及如何订立劳动关系都是有利的。但是，如果试用期过长，会有损劳动者的合法权益，毕竟在试用期内的报酬是低于正式员工的，所以，用人单位在与劳动者约定试用期时，必须严格按照法律规定，不得擅自延长期限。本案中，酒店规定一年的试用期，就违反了法律规定。

法律条文

《中华人民共和国劳动合同法》

第十九条第一款 劳动合同期限三个月以上不满一年的，试用期不得超过一个月；劳动合同期限一年以上不满三年的，试用期不得超过二个月；三年以上固定期限和无固定期限的劳动合同，试用期不得超过六个月。

《中华人民共和国劳动法》

第二十一条 劳动合同可以约定试用期。试用期最长不得超过六个月。

一句话说法

用人单位任意延长试用期，或设置法定期限以外的试用期，都意味着变相节约资本，加重劳动者的负担。因此，法律对试用期的长度作出了明确的规定，充分保障劳动者的合法权益。

76. 在以完成一定工作任务为期限的劳动合同中，用人单位能与劳动者约定试用期吗？

案例背景

某出版社近期工作繁忙，急需几名文字编辑，就想招聘几名临时员工。中文专业的张某经过笔试和面试以后，被该出版社录用。在签订劳动合同之前，出版社负责人告知新入职人员，此次招聘与以往不同，录用人员的聘用期限是以完成出版社最近一套丛书的编撰出版任务为终止时间的。同时，考虑到本套丛书质量要求较高，新录用人员业务熟悉状况不同，特约定一个月的试用期，试用合格的方可继续留用，直至书稿编撰任务全部完成之日。张某对该出版社的这种说法表示疑惑，以完成一套丛书为期限的劳动合同，还能约定试用期吗？

学法有疑

以完成一定工作任务为期限，可以约定试用期吗？

法律讲堂

本案中，用人单位已经明确表示，张某等人将一套丛书编撰完以后就终止劳动合同，而这套书是非常明确具体的，有任务完成的验收标准。也就是说，张某等人的劳动合同是以完成一定工作任务为期限的。对于这样的情况，是否可以约定试用期呢？我国《劳动合同法》第十九条第三款规定："以完成一定工作任务为期限的劳动合同或者劳动合同期限不满三个月的，不得约定试用期。"据此可知，案例中张某这样性质的工作是不能约定试用期的。只要工作完成，劳动合同自然终止。所以，出版社为了保证工作质量而要与劳动者约定试用期的做法是不符合法律规定的。

法律条文

《中华人民共和国劳动合同法》

第十九条第三款 以完成一定工作任务为期限的劳动合同或者劳动合同期限不满三个月的，不得约定试用期。

一句话说法

在以完成一定工作任务为期限的劳动合同中，用人单位不得与劳动者约定试用期，待工作完成以后，合同自然终止，用人单位也无需支付经济补偿金。

77. 劳动者培训的费用应该由谁来承担？

案例背景

赵某大学毕业以后应聘到一家公司做技术员。在经过了三个月的试用期以后，赵某转为公司正式员工。后来，公司组织新入职的技术人员去往新加坡参加职业技能培训。在培训之前，公司并未向大家说明培训费用由谁承担，赵某和其他同事理所当然地认为是个人先行垫付，待培训完毕以后，拿着相关的凭证由公司报销。可是，当赵某他们培训完回国以后，公司却拒绝报销，并称培训是在给技术员们充电，受益的是员工，费用应由员工自行承担。对于这样的说法，赵某表示非常不理解。那么，劳动者培训的费用到底应该由谁来承担呢？

学法有疑

劳动者培训的费用到底应该由谁来承担呢？

法律讲堂

为了能给本单位创造更多的效益，许多单位都会定期组织劳动者进行培训，培训固然是对劳动者有益的，但培训也是在间接为用人单位创造价值，因此我国《劳动法》第六十八条规定，用人单位应当建立职业培训制度。《劳动合同法实施条例》第十六条对培训费用包含的内容作了明确规定。此外，《劳动合同法》第二十二条规定，用人单位为劳动者提供专项培训费用，对其进行专业技术培训的，可以与该劳动者订立协议，约定服务期。由此可知，本案中，公司组织赵某等人到新加坡进行培训，费用应由公司承担。

法律条文

《中华人民共和国劳动法》

第六十八条第一款 用人单位应当建立职业培训制度，按照国家规定提取和使用职业培训经费，根据本单位实际，有计划地对劳动者进行职业培训。

《中华人民共和国劳动合同法》

第二十二条第一款 用人单位为劳动者提供专项培训费用，对其进行专业技术培训的，可以与该劳动者订立协议，约定服务期。

《中华人民共和国劳动合同法实施条例》

第十六条 劳动合同法第二十二条第二款规定的培训费用，包括用人单位为了对劳动者进行专业技术培训而支付的有凭证的培训费用、培训期间的差旅费用以及因培训产生的用于该劳动者的其他直接费用。

用人单位应当建立职业培训制度，并根据本单位实际需求，有计划地对劳动者进行职业培训。用人单位给员工提供职业培训是其法定义务，应该自行承担由此产生的费用，不能将培训费作为额外的费用要求员工自行承担。

78. 劳动合同期满，服务期尚未到期，该怎么办？

案例背景

何某是北京某家法国餐厅的厨师，为了提高餐厅的菜系特色，餐厅的老板派何某去法国进行为期一年的培训学习。在这一年间，何某所有的培训费用全部由餐厅承担，但是何某回国以后要在餐厅工作至少五年，五年的服务期内，何某不能离职。何某从法国回来以后，继续担任餐厅厨师一职。半年后，何某与餐厅签订的劳动合同到期，但此时何某五年的服务期还未到，老板却未与何某续约，何某觉得既然劳动合同都终止了，自己就可以不用顾忌服务期的约定而另谋高就了。那么，劳动合同期满，服务期尚未到期怎么办呢？

学法有疑

劳动合同期满，服务期尚未到期，该怎么办呢？

法律讲堂

根据《劳动合同法》第二十二条的规定，用人单位为劳动者提供专项培训费用，对其进行专业技术培训的，可以与该劳动者订立协议，约定服务期。一般而言，如果劳动合同到期，而服务期未满时，用人单位会与劳动者续约。但是，如果用人单位不续约，应该怎么办呢？根据《劳动合同法实施条例》第十七条的规定，劳动合同期满，服务期尚未到期的，劳动合同应当续延至服务期满。双方另有约定的，从其约定。本案中，双方在签订服务期协议时，并未对劳动合同期满如何解决的问题有任何约定，因此劳动合同应当依法续延至服务期满。因此，何某仍应继续留在餐厅履行约定，直至服务期结束。

法律条文

《中华人民共和国劳动合同法实施条例》

第十七条 劳动合同期满，但是用人单位与劳动者依照劳动合同法第二十二条的规定约定的服务期尚未到期的，劳动合同应当续延至服务期满；双方另有约定的，从其约定。

一句话说法

用人单位和劳动者签订服务期协议后，劳动者的服务期限就会受到服务期协议期限的约束，如果劳动者要在服务期内提前离职，就会承担相应的违约责任。

79. 用人单位不给劳动者缴纳社会保险费，劳动者可以解除合同吗?

案例背景

芳芳通过同学的介绍到其同学叔叔所主管的公司工作。由于是熟人介绍，所以芳芳对该单位比较放心，很快签订了劳动合同，合同约定芳芳的最低服务期为五年。芳芳工作一年以后，想查询一下自己的社会保险缴纳情况，却发现公司一直没有给自己缴纳过任何保险。芳芳很生气，遂向相关负责人询问，负责人称当时签订合同时芳芳没提保险的事情，遂默认芳芳的社会保险费是由自己缴纳的。芳芳对于这样的理由不能接受，想解除合同，可是又听说需要支付违约金。那么，芳芳到底该怎么办呢?

学法有疑

用人单位不给劳动者缴纳社会保险费，劳动者可以解除合同吗?

法律讲堂

一般而言，劳动者的各项社会保险费用都应该由公司代为缴纳，可是公司以芳芳当时未提出此事项为由而一直未给芳芳缴纳。在约定的服务期尚未期满的情况下，芳芳到底能否因未缴纳保险费的问题解除劳动合同呢?根据我国《劳动合同法》第三十八条的规定，用人单位未依法为劳动者缴纳社会保险费的，劳动者可以解除劳动合同。所以，芳芳是可以解除合同的。

那么，芳芳听说的解除合同需要支付违约金一说又是否正确呢?根据《劳动合同法实施条例》第二十六条的规定："用人单位与劳动者约定了服务期，劳动者依照劳动合同法第三十八条的规定解除劳动合同的，不属于违反服务期的约定，用人单位不得要求劳动者支付违约金。”所以，芳芳因单位不予缴纳社会保险费而解除劳动合同的行为不属于违反服务期的约定，她无需向单位支付违约金。

法律条文

《中华人民共和国劳动合同法实施条例》

第二十六条第一款 用人单位与劳动者约定了服务期，劳动者依照劳动合同法第三十八条的规定解除劳动合同的，不属于违反服务期的约定，用人单位不得要求劳动者支付违约金。

《中华人民共和国劳动合同法》

第三十八条 用人单位有下列情形之一的，劳动者可以解除劳动合同：

……

（三）未依法为劳动者缴纳社会保险费的；

……

用人单位未给劳动者缴纳社会保险费的，劳动者可以依法行使劳动合同单方解除权。此解除权为无责任解除，不受服务期的限制，劳动者不需要支付违约金。

80. 劳动者在服务期内因严重失职被辞退，需要支付违约金吗？

案例背景

孙某和郝某是某单位的保安，在入职以前，二人都参加了单位组织的员工职业培训，并与单位约定了服务期。某日，单位下班以后，轮到二人值夜班，孙某遂和郝某商量晚上12点以后就轮流巡视。可是，还未到12点，孙某和郝某就都开始犯困了。于是，郝某提议，二人可以去附近的烧烤店喝点啤酒提提神，孙某担心会存在安全隐患，郝某则称一会儿就回来了，不会发生什么事情的。于是，二人就去附近的烧烤店吃东西。不料，一个盗窃团伙趁机潜入了单位的仓库，将单位新研发的一批电子产品盗走，单位因此损失人民币六十万元。单位遂解除了与孙某和郝某的劳动合同，并要求他们就未完成的服务期支付违约金。那么，单位这一要求是否合理呢？

学法有疑

单位的要求是否合理呢？

法律讲堂

我国《劳动合同法实施条例》第二十六条规定，如果劳动者严重失职，营私舞弊，给用人单位造成重大损害，用人单位与劳动者解除约定服务期的劳动合同的，劳动者应当按照劳动合同的约定向用人单位支付违约金。本案中，孙某和郝某在值班时间擅自离岗去吃夜宵，导致单位无人看管，盗窃团伙趁机而入，并且盗走了高价值财物，给单位造成了严重损失。孙某和郝某属于严重失职，单位可以与他们解除劳动合同。由于被解聘人员的服务期尚未期满，二人还应该向单位支付违约金。

法律条文

《中华人民共和国劳动合同法》

第三十九条 劳动者有下列情形之一的，用人单位可以解除劳动合同：

……

（三）严重失职，营私舞弊，给用人单位造成重大损害的；

……

《中华人民共和国劳动合同法实施条例》

第二十六条 用人单位与劳动者约定了服务期，劳动者依照劳动合同法第三十八条的规定解除劳动合同的，不属于违反服务期的约定，用人单位不得要求劳动者支付违约金。

有下列情形之一，用人单位与劳动者解除约定服务期的劳动合同的，劳动者应当按照劳动合同的约定向用人单位支付违约金：

……

（二）劳动者严重失职，营私舞弊，给用人单位造成重大损害的；

……

劳动者严重失职给用人单位造成重大损害的，用人单位可以与劳动者解除劳动合同，并要求劳动者在服务期尚未履行部分所应分摊的培训费用范围内支付违约金。

第 8 章 劳务派遣问题

81. 劳务派遣是一种怎样的用工形式?

案例背景

高中毕业后的小吴因为没有考上大学，便来到城市打工。小吴看了很多招聘启事，都要求本科以上学历，只能望而却步。此时，有家劳务派遣公司正在招人，待遇和其他条件都不错，小吴符合招工要求，便报名应聘。被选上后，小吴听别人说劳务派遣公司都是骗人的，心里不免有些担心，想弄清楚到底什么是“劳务派遣”，他们的权益有没有保障。

学法有疑

劳务派遣是一种怎样的用工形式?

法律讲堂

劳务派遣，是指劳务派遣单位与被派遣劳动者订立劳动合同后，将该劳动者派遣到用工单位从事劳动的一种特殊的用工形式。劳务派遣合同和一般劳动合同的一个最大的不同之处在于：一般的劳动合同只涉及劳动者和用人单位两方当事人，而在劳务派遣合同中，存在三方当事人：劳动者、劳务派遣单位和用工单位。劳务派遣单位与劳动者之间签订劳动合同，双方形成劳动关系，就是我们所说的用人单位和劳动者的关系；劳务派遣单位与用工单位签订劳务派遣协议。但是，劳务派遣单位实际上并不用工，即不直接管理和指挥劳动者从事劳动，而是将劳动者派往用工单位从事劳动，即用工单位才是实际上的劳动者工作的单位。

法律条文

《中华人民共和国劳动合同法》

第五十八条第一款 劳务派遣单位是本法所称用人单位，应当履行用人单位对劳动者的义务。劳务派遣单位与被派遣劳动者订立的劳动合同，除应当载明本法第十七条规定的事项外，还应当载明被派遣劳动者的用工单位以及派遣期限、工作岗位等情况。

第五十九条第一款 劳务派遣单位派遣劳动者应当与接受以劳务派遣形式用工的单位（以下称用工单位）订立劳务派遣协议。劳务派遣协议应当约定派遣岗位和人员数量、派遣期限、劳动报酬和社会保险费的数额与支付方式以及违反协议的责任。

一句话说法

随着企业经营方式的多样化和复杂化，劳务流动也日渐频繁和多样，劳务派遣单位应运而生。劳务派遣单位作为一个特殊的用工主体，一方面与劳动者签订用工协议，与劳动者建立劳动合同关系；另一方面又与实际用工单位签订劳务派遣协议，与实际用工单位建立用工派遣合同关系。

82. 劳动者能否将派遣工作作为兼职？

案例背景

孙某是正在读大三的一名高校学生，因为家庭条件一般，孙某经常做一些兼职来赚取自己的生活费。某天，孙某在某网站上看到一家劳务派遣公司的招聘广告，每月2000元的工资对于还是学生的孙某来说非常诱人，于是他报名应聘，很快被录用。在签订劳动合同前，孙某提出自己虽然闲暇时间多，但还有部分课业需要完成，同时面临实习和找工作等事情，希望自己以非全日制用工的形式与该劳务派遣公司建立劳动关系，工资可以适当减少。孙某的请求被劳务派遣公司拒绝了。

学法有疑

该公司的做法正确吗？孙某可否将派遣工作作为兼职？

法律讲堂

公司的做法正确，孙某不可以将劳务派遣工作作为兼职。根据《劳动合同法》第五十八条的规定，劳务派遣单位应当与被派遣劳动者订立二年以上的固定期限劳动合同，按月支付劳动报酬；被派遣劳动者在无工作期间，劳务派遣单位应当按照所在地人民政府规定的最低工资标准，向其按月支付报酬。然而，非全日制用工属于一种灵活的用工形式，双方当事人可以订立口头协议，且随时可以提出终止用工，这与“固定期限劳动合同”的规定显然冲突。同时，《劳动合同法实施条例》第三十条也明确规定：“劳务派遣单位不得以非全日制用工形式招用被派遣劳动者。”可见，对于劳务派遣单位招用非全日制用工，法律作出了明确的禁止性规定。所以，在本案中，公司的行为是正确的，孙某不能将劳务派遣工作作为兼职，孙某可以选择其他非全日制工作 。

法律条文

《中华人民共和国劳动合同法》

第五十八条第二款 劳务派遣单位应当与被派遣劳动者订立二年以上的固定期限劳动合同，按月支付劳动报酬；被派遣劳动者在无工作期间，劳务派遣单位应当按照所在地人民政府规定的最低工资标准，向其按月支付报酬。

《中华人民共和国劳动合同法实施条例》

第三十条 劳务派遣单位不得以非全日制用工形式招用被派遣劳动者。

法律明确规定了劳务派遣单位应当与被派遣劳动者订立两年以上的固定期限劳动合同，因此劳务派遣不可能为非全日制用工形式。这一规定既是为了保护劳动者的合法权益，也是为了规范劳务派遣市场。

83. 劳务派遣公司可以向劳动者收取介绍工作的费用吗?

案例背景

2019年年初，蔡某被一家劳务派遣公司录用。他的第一份派遣工作是到某工地当搬运工，月工资为3500元，双方签订了劳动合同。第一个月下来，蔡某发现下发的工资只有3400元，以为是扣掉了什么必要的费用，也就没有去公司询问。接下来的两个月，每个月都少了100元，蔡某便找到公司，得到的解释是：劳务派遣公司需要向蔡某收取600元的“中介费”，为了省事没有收取，而是从工资里直接扣除，每月100元。蔡某听后很生气，一是觉得这“中介费”事先没有说明，二是600元费用太高。同时蔡某也觉得奇怪，自己是直接找公司签合同，按照公司的要求去工地上班，怎么还有“中介费”呢?

学法有疑

劳务派遣公司可以向劳动者收取介绍工作的“中介费”吗?

法律讲堂

劳务派遣公司不可以向劳动者收取介绍工作的“中介费”。在现实生活中，有不少劳务派遣组织是以劳务承包或劳务中介为主。他们认为自己向劳动者提供了服务，自己有权利从报酬中提取一定的数额。但是，我国《劳动合同法》第九条规定：“用人单位招用劳动者，不得扣押劳动者的居民身份证和其他证件，不得要求劳动者提供担保或者以其他名义向劳动者收取财物。”同时，第六十条第二款和第三款规定：“劳务派遣单位不得克扣用工单位按照劳务派遣协议支付给被派遣劳动者的劳动报酬。劳务派遣单位和用工单位不得向被派遣劳动者收取费用。”

劳务派遣公司以“劳务派遣”的名义招用劳动者，双方应当依照《劳动合同法》第五十八条第二款的规定，签订两年以上的固定期限劳动合同，劳务派遣单位按月支付劳动者报酬。劳务派遣单位是没有权利向劳动者收取任何费用的，劳务派遣性质不同于“职业介绍中介”，劳务派遣单位与劳动者签订了劳动合同，并按照合同的要求直接为劳动者提供派遣工作，而并非中介介绍，不能以给劳动者介绍工作为由，收取中介费用。因此，本案中，蔡某所在的劳务派遣公司无权向其收取中介费，蔡某可就此与公司协商，必要时也可以用法律手段维护自身合法权益。

法律条文

《中华人民共和国劳动合同法》

第九条 用人单位招用劳动者，不得扣押劳动者的居民身份证和其他证件，不得要求劳动者提供担保或者以其他名义向劳动者收取财物。

第五十八条第二款 劳务派遣单位应当与被派遣劳动者订立二年以上的固定期限劳动合同，按月支付劳动报酬；被派遣劳动者在无工作期间，劳务派遣单位应当按照所在地人民政府规定的最低工资标准，向其按月支付报酬。

第六十条 劳务派遣单位应当将劳务派遣协议的内容告知被派遣劳动者。

劳务派遣单位不得克扣用工单位按照劳务派遣协议支付给被派遣劳动者的劳动报酬。

劳务派遣单位和用工单位不得向被派遣劳动者收取费用。

一句话说法

被派遣员工作为劳动者，与派遣单位签订的是正式的劳动合同，而将员工派遣出去工作是该合同的应有内容，与介绍工作的“中介”有本质的区别，因此用人单位无权收取“中介费”。

84. 跨地区劳务派遣中，劳动者的工资应依何标准发放？

案例背景

2020 年 3 月，方某与河北省甲劳务派遣公司签订劳动合同，约定无劳动派遣任务时工资为每月 2100 元，有劳务派遣任务期间的工资为每月 3800 元。同年 5 月，山东省乙大型综合性商场开张，需要多名保洁人员负责商场卫生，于是乙商场与有长期合作关系的甲公司签订了劳务派遣协议，甲公司将方某等人派往乙商场负责保洁工作，每人每月 4200 元，由乙商场将工资汇入甲公司账户，甲公司负责发放。月末，方某发现自己拿到的工资只有 3800 元，于是找到甲公司，却被告知工资是按劳动合同发放的，并无问题，方某觉得不公平。

学法有疑

方某的工资应该按什么标准发放呢？

法律讲堂

方某的工资应当按照实际用工单位地点，即山东省的标准发放。方某接受劳务派遣公司聘用后并未在本地工作，而是被派到省外提供劳务，这属于跨地区劳务派遣。根据我国《劳动合同法》第六十一条之规定，劳务派遣单位跨地区派遣劳动者的，被派遣劳动者享有的劳动报酬和劳动条件，按照用工单位所在地的标准执行。可见，用工单位的工资标准才是接受跨地区劳务派遣人员的工资发放依据。所以，方某应该得到的工资是乙商场提供的 4200 元，而非与甲公司在劳动合同中约定的 3800 元。

法律条文

《中华人民共和国劳动合同法》

第六十条第二款 劳务派遣单位不得克扣用工单位按照劳务派

遣协议支付给被派遣劳动者的劳动报酬。

第六十一条 劳务派遣单位跨地区派遣劳动者的，被派遣劳动者享有的劳动报酬和劳动条件，按照用工单位所在地的标准执行。

实践中，用工单位所在地的劳动条件、劳动报酬与劳务派遣单位所在地的差距往往成为用工单位和劳务派遣单位与劳动者产生激烈争议的缘由，因此，法律明确规定了在跨地区派遣中，被派遣员工的工资应当按照用工单位所在地的标准执行。

85. 劳务派遣用工形式可以适用于所有岗位吗？

案例背景

甲公司由于经营不善，效益连年下降，很多员工辞职，包括一名法务人员。因此，公司人手不够，便与当地一家劳务派遣公司签订协议，对方派遣了安保、保洁、包装等多种工种的人员来甲公司工作。刚好该劳务派遣公司有一名学过法律的员工张某，甲公司便要求将其一并派遣，派遣合同期限为一年。张某到甲公司工作后发现，该公司只有他一名法务，需要独立处理公司的各种法律事宜。张某觉得自己只是一名劳务派遣人员，独自承担公司所有的法务工作似乎有些不妥。

学法有疑

该公司要求被派遣劳动人员张某独立从事法务工作的做法是否合法？

法律讲堂

劳务派遣用工形式不能适用于所有岗位，如用人单位的一些非常重要的岗位就不适合采取劳务派遣形式。根据我国《劳动合同法》第六十六条的规定，劳动合同用工是我国的企业基本用工形式。劳务派遣用工是补充形式，只能在临时性、辅助性或者替代性的工作岗位上实施。临时性工作岗位是指存续时间不超过六个月的岗位；辅助性工作岗位是指为主营业务岗位提供服务的非主营业务岗位；替代性工作岗位是指用工单位的劳动者因脱产学习、休假等原因无法工作的一定期间内，可以由其他劳动者替代工作的岗位。本案中，该公司要求张某从事的不是临时性、辅助性或者替代性的工作，而是公司中具有长期性、重要性的法务工作，因此该公司的做法不合法。对此岗位，公司应通过招聘途径录用法务人员。

法律条文

《中华人民共和国劳动合同法》

第六十六条 劳动合同用工是我国的企业基本用工形式。劳务派遣用工是补充形式，只能在临时性、辅助性或者替代性的工作岗位上实施。

前款规定的临时性工作岗位是指存续时间不超过六个月的岗位；辅助性工作岗位是指为主营业务岗位提供服务的非主营业务岗位；替代性工作岗位是指用工单位的劳动者因脱产学习、休假等原因无法工作的一定期间内，可以由其他劳动者替代工作的岗位。

……

一句话说法

实践中，有些用人单位为降低用人成本、逃避法律责任，随意使用劳务派遣工，使得劳务派遣范围不断扩大。这不仅不利于派遣人员的劳动权益，也不利于公司发展，更会扰乱正常的劳动市场秩序，因此法律对此作出限制性规定。

86. 用工单位可以向被派遣劳动者直接支付工资吗？

案例背景

小程被上一家公司辞退后便一直没有工作，听别人说劳务派遣公司的门槛相对较低，待遇也不错，便去网上应聘。经过面试等环节，小程最终被当地一家劳务派遣公司录用。在签订劳动合同时，法律意识较强的小程逐字逐句地看了看，尤其是关于工资待遇方面，其中写道："在没有派遣工作期间，劳动者的工资由劳务派遣公司支付，每月1800元；在有派遣工作期间，劳动者的工资由用工单位支付，按照派遣协议约定的数额和方式支付。"小程有些疑惑，自己只与劳务派遣公司签订了劳动合同，并未与用工单位签合同，用工单位会向其支付工资吗？但是，如果每月还要回到劳务派遣公司领工资也太麻烦。

学法有疑

被派遣劳动者的工资应由谁支付？

法律讲堂

我国《劳动合同法》第五十八条第二款规定："劳务派遣单位应当与被派遣劳动者订立二年以上的固定期限劳动合同，按月支付劳动报酬；被派遣劳动者在无工作期间，劳务派遣单位应当按照所在地人民政府规定的最低工资标准，向其按月支付报酬。"此外，该法第五十九条第一款还规定："劳务派遣单位派遣劳动者应当与接受以劳务派遣形式用工的单位（以下称用工单位）订立劳务派遣协议。劳务派遣协议应当约定派遣岗位和人员数量、派遣期限、劳动报酬和社会保险费的数额与支付方式以及违反协议的责任。"由此可知，在劳务派遣关系中，用工单位通过与劳务派遣单位签订劳务派遣协议，在派遣协议中直接约定被派遣人员的工资发放形式，既可以约定由用工单位支付给劳务派遣单位，由劳务派遣单位再发放给被派遣人员；也可以约定由用工单位直接支付给被派遣人员。在本案中小程不用担心，既然公司在与用工单位签订的劳务派遣协议中已经约定了由用工单位直接支付，用工单位就应当履行该义务，将工资直接发放给小程，其无需再回公司领取工资。

法律条文

《中华人民共和国劳动合同法》

第五十八条第二款 劳务派遣单位应当与被派遣劳动者订立二年以上的固定期限劳动合同，按月支付劳动报酬；被派遣劳动者在无工作期间，劳务派遣单位应当按照所在地人民政府规定的最低工资标准，向其按月支付报酬。

第五十九条第一款 劳务派遣单位派遣劳动者应当与接受以劳务派遣形式用工的单位（以下称用工单位）订立劳务派遣协议。劳务派遣协议应当约定派遣岗位和人员数量、派遣期限、劳动报酬和社会保险费的数额与支付方式以及违反协议的责任。

在现实生活中，为了方便劳动者支取工资，在用工单位和劳务派遣单位的劳务派遣协议中，经常约定由用工单位支付工资，这样就解决了许多跨地区派遣劳动者支取工资不便的问题。

87. 被派遣劳动者的工资可以随意确定吗?

案例背景

2020年，毛师傅接受了劳动派遣公司的派遣，前往一家快递公司当装卸工，约定的月工资为3500元。毛师傅很高兴地接受了这份工作。工作中，毛师傅勤快、热心，大家都很喜欢他。在一次聊天中，毛师傅得知，与自己同样岗位的快递公司员工的工资为每月4000元，毛师傅心中十分不痛快，打算找快递公司理论。

学法有疑

被派遣劳动者的工资可以随意确定吗？是否有发放标准？

法律讲堂

劳动者的工资当然不可以随意确定。我国《劳动合同法》第六十三条第一款明确规定："被派遣劳动者享有与用工单位的劳动者同工同酬的权利。用工单位应当按照同工同酬原则，对被派遣劳动者与本单位同类岗位的劳动者实行相同的劳动报酬分配办法。用工单位无同类岗位劳动者的，参照用工单位所在地相同或者相近岗位劳动者的劳动报酬确定。"本案中，用工单位定的工资额明显违反了法律规定，毛师傅有权要求同工同酬。

法律条文

《中华人民共和国劳动合同法》

第六十三条 被派遣劳动者享有与用工单位的劳动者同工同酬的权利。用工单位应当按照同工同酬原则，对被派遣劳动者与本单位同类岗位的劳动者实行相同的劳动报酬分配办法。用工单位无同类岗位劳动者的，参照用工单位所在地相同或者相近岗位劳动者的劳动报酬确定。

劳务派遣单位与被派遣劳动者订立的劳动合同和与用工单位订立的劳务派遣协议，载明或者约定的向被派遣劳动者支付的劳动报酬应当符合前款规定。

《中华人民共和国劳动法》

第四十六条 工资分配应当遵循按劳分配原则，实行同工同酬。

工资水平在经济发展的基础上逐步提高。国家对工资总量实行宏观调控。

劳务派遣工容易受到身份歧视，权利得不到应有的维护。劳务派遣工与一般职工只是用工形式不同，但工作内容、强度等都相同，因此法律规定“同工同酬”符合公平正义原则，用工单位应当遵守。

88. 被派遣劳动者有权获得加班费和奖金吗?

案例背景

今年38岁的宋女士与一家劳务派遣公司签订了劳动合同，之后被派往一家钟表厂进行零件加工工作，月工资为3300元。进入工厂后，厂里刚好接了一单大生意，需要大家每天加班一个小时，加班费为每天50元，另外加工总量达到一定数额的员工每天还有额外的100元奖金。宋女士听后干劲十足，厂里很多年轻的小姑娘都比不上她。月末发工资时，宋女士发现自己的工资仍然只有3300元，加班费和应得的奖金都没有，非常气愤，便找到厂领导。厂里却说宋女士的工资是按派遣协议发放的，而协议中并无对加班费和奖金的规定。

学法有疑

工厂的说法正确吗？宋女士有权获得加班费和奖金吗？

法律讲堂

工厂的说法不正确，做法也不合法。根据我国《劳动合同法》第六十三条的规定，劳务派遣用工应与用工单位的其他职工享受同工同酬的待遇，即同样条件下享受同样的工资和福利待遇，支付加班费和奖金也是福利待遇的内容之一。用工单位在实际组织生产的过程中，为促进生产效率，增加经济效益，制订职工奖励办法、奖励机制是非常普遍的。依据《劳动合同法》第六十二条的规定，支付加班费、绩效奖金，提供与工作岗位相关的福利待遇是用工单位的一项法定义务。具体到本案中，该钟表厂作为实际用工单位应当向宋女士支付加班费和相应的奖金。

法律条文

《中华人民共和国劳动合同法》

第六十二条 用工单位应当履行下列义务：

……

（二）告知被派遣劳动者的工作要求和劳动报酬；

（三）支付加班费、绩效奖金，提供与工作岗位相关的福利待遇；

……

第六十三条第一款 被派遣劳动者享有与用工单位的劳动者同工同酬的权利。用工单位应当按照同工同酬原则，对被派遣劳动者与本单位同类岗位的劳动者实行相同的劳动报酬分配办法。用工单位无同类岗位劳动者的，参照用工单位所在地相同或者相近岗位劳动者的劳动报酬确定。

加班费、绩效奖金、与工作岗位相关的福利待遇等都是具体劳动中的报酬内容，自然包括在“同工同酬”的原则下。因其具有不确定性和变动性，一般由用工单位向被派遣劳动者支付。

89. 谁负责对劳务派遣人员进行培训？

案例背景

陈阿姨退休后又找到了一家劳务派遣公司工作，和几个老朋友一起挣点钱贴补家用。2019 年 4 月，陈阿姨等人被派往一家家政服务公司，主要从事家庭保洁工作，派遣期限为六个月。陈阿姨等被派遣人员上岗前没有经过公司的任何培训，因此每人都是按照自己的习惯进行保洁工作，结果遭到很多用户的投诉，用户纷纷表示陈阿姨等人的保洁有死角、不专业。家政服务公司随即将陈阿姨等十几人退回劳务派遣公司，要求重新派遣或者培训后再派遣。劳务派遣公司则表示自己没有对其进行培训的义务。

学法有疑

在劳务派遣中，谁负责对被派遣人员进行培训？

法律讲堂

劳务派遣人员的培训应由实际用工单位负责展开。培训对于公司来讲是一笔不小的投入，其为企业增加的隐性收益往往得不到企业的重视，因此，培训经常成为空白环节。在劳务派遣活动中，由于存在派遣单位和接受派遣的单位两方主体，培训这一环节就在两方主体之间出现“踢皮球”的现象。对于该问题，我国《劳动合同法》第六十二条有明确规定，用工单位有义务对在岗被派遣劳动者进行工作岗位所必需的培训。从现实情况讲，劳务派遣公司需要面对多种的派遣需求，而相应的用工单位具有专业技能和培训条件，因此由用工单位负责被派遣人员的培训比较合理。结合本案，陈女士等人的培训应由用工单位家政服务公司负责。

法律条文

《中华人民共和国劳动合同法》

第六十二条 用工单位应当履行下列义务：

……

（四）对在岗被派遣劳动者进行工作岗位所必需的培训；

……

虽然派遣工作一般来说较为简单，技术性不强，但对在岗被派遣人员进行工作岗位所必需的培训是法律明确规定的用工单位的义务，该费用也应由用工单位承担。

90. 在劳动报酬未足额支付的情况下，被派遣人员可以解除合同吗？

案例背景

马某于2019年11月与某劳务派遣公司签订劳动合同，合同期限为两年。同年12月，马某被派往某钢铁厂工作，派遣期限为三个月，月工资为5600元，由劳务派遣公司负责发放。一个月后，马某的工资却迟迟没有发放，马某找到公司，被告知公司账目出了点小问题，迟几天发放。马某无奈，只好回去等。结果第二个月都快结束了，马某仍然一分钱也没有领到。马某又找到该公司，却被公司告知工资可能要等到三个月结束后一起发放。马某非常气愤，收拾东西离开了钢铁厂，向劳务派遣公司要求单方面解除合同。

学法有疑

马某有权单方解除劳动合同吗？

法律讲堂

对于劳务派遣单位克扣被派遣人员劳动报酬的行为，《劳动合同法》第三十八条作出了明确的限制规定，当用人单位未及时足额支付劳动报酬的，劳动者可以解除劳动合同。劳务派遣虽然是一种特殊的用工形式，但其仍受相关法律的约束。马某作为一名劳动者，在出现派遣单位未及时足额支付劳动报酬的情形时，可以单方解除合同，以维护自身权益。

法律条文

《中华人民共和国劳动合同法》

第三十八条 用人单位有下列情形之一的，劳动者可以解除劳动合同：

……

（二）未及时足额支付劳动报酬的；

……

第六十条第二款 劳务派遣单位不得克扣用工单位按照劳务派遣协议支付给被派遣劳动者的劳动报酬。

派遣单位与劳动者之间是劳动合同关系。派遣单位未及时足额支付劳动报酬，存在过错，因此劳动者可以单方解除劳动合同。

91. 派遣单位在被派遣人员患病时可否解除劳动合同?

案例背景

王某与某劳务派遣公司签订了为期三年的劳动合同。2019 年 8 月，王某被派往某面粉加工厂工作，派遣期为六个月。9 月的一天，王某工作时突然倒地，不省人事，被送往医院后被确诊为急性白血病。经过三个月的治疗期，虽然病情暂时稳定，但已经不能从事原来的工作，甚至连其他的工作也不能胜任。在此情况下，面粉厂将王某退回了派遣公司。派遣公司了解到王某的情况后，在额外支付了一个月工资和相应的慰问金后，解除了与王某的劳动合同。王某的妻子觉得派遣公司这样做太不近人情。

学法有疑

那么，派遣公司的做法是否合法呢？

法律讲堂

我国《劳动合同法》第六十五条第二款规定：“被派遣劳动者有本法第三十九条和第四十条第一项、第二项规定情形的，用工单位可以将劳动者退回劳务派遣单位，劳务派遣单位依照本法有关规定，可以与劳动者解除劳动合同。”根据该法第四十条第（一）项的规定，劳动者患病或者非因工负伤，在规定的医疗期满后不能从事原工作，也不能从事由用人单位另行安排的工作的，用人单位提前三十日以书面形式通知劳动者本人或者额外支付劳动者一个月工资后，可以解除劳动合同。本案中，王某患病，且在医疗期满后仍不能从事任何工作，所以，劳务派遣单位在额外支付了一个月的工资后可以依法与其解除劳动合同，派遣公司的做法合法。

法律条文

《中华人民共和国劳动合同法》

第四十条 有下列情形之一的，用人单位提前三十日以书面形式通知劳动者本人或者额外支付劳动者一个月工资后，可以解除劳动合同：

（一）劳动者患病或者非因工负伤，在规定的医疗期满后不能从事原工作，也不能从事由用人单位另行安排的工作的；

……

第六十五条第二款 被派遣劳动者有本法第三十九条和第四十条第一项、第二项规定情形的，用工单位可以将劳动者退回劳务派遣单位，劳务派遣单位依照本法有关规定，可以与劳动者解除劳动合同。

用工单位与被派遣劳动者之间是劳务关系，而非劳动合同关系。用工单位退回被派遣劳动者只能是因为劳动者不符合录用条件或严重违纪违法，以及不胜任工作等情形。而劳务派遣单位与被派遣的劳动者之间是劳动合同关系，可以依照《劳动合同法》的规定依法解除劳动合同。

92. 被派遣人员有权要求参加用工单位的工会吗?

案例背景

崔某与某劳务派遣公司签订合同后被派往某电信公司从事宣传工作，派遣期为六个月。这期间，崔某与电信公司的员工相处得很好，大家同吃同住，同工同酬，好像是一个温暖的大家庭。可是每当其他员工去参加公司工会组织的活动、领取工会发的节日慰问品时，崔某就意识到自己与其他人的不同。有好友劝她可以去公司问问，派遣人员应该也能加入工会。然而崔某找到公司管理人员反映情况并表明自己的意愿后，却被告知因其与公司并无劳动合同关系，因此不能加入公司的工会，但可以考虑加入派遣单位的工会。

学法有疑

电信公司的说法是否正确？崔某有权参加该公司的工会吗？

法律讲堂

《劳动合同法》第六十四条规定："被派遣劳动者有权在劳务派遣单位或者用工单位依法参加或者组织工会，维护自身的合法权益。"本条规定了劳务派遣工参加和组织工会的权利，被派遣劳动者既可以在劳务派遣单位参加和组织工会，也可以在用工单位参加和组织工会。因此本案中，电信公司的说法是不正确的，虽然崔某未与该公司签订劳动合同，但依法有权加入该公司的工会。至于是参加劳务派遣单位的工会，还是参加用工单位的工会，崔某可以根据实际情况而定。

法律条文

《中华人民共和国劳动合同法》

第六十四条 被派遣劳动者有权在劳务派遣单位或者用工单位依法参加或者组织工会，维护自身的合法权益。

实践中，劳务派遣人员因不是用工单位的职工，且涉及费用等问题，很多时候不被允许参加用工单位的工会，这使得派遣人员的合法权益得不到工会组织的保障。但是，这种做法是不合法的，被派遣人员可以根据实际情况在劳务派遣单位或者实际用工单位参加或者组织工会。

图书在版编目（CIP）数据

劳动合同法看图一点通／维权帮著．—北京：中国法制出版社，2020.12

（看图学法）

ISBN 978－7－5216－1391－9

Ⅰ.①劳…　Ⅱ.①维…　Ⅲ.①劳动合同－合同法－中国－图解　Ⅳ.①D922.52－64

中国版本图书馆CIP数据核字（2020）第205850号

策划编辑：杨　智（yangzhibnulaw@126.com）
责任编辑：吕静云（lvjingyun0328@sina.com）　　封面设计：杨泽江

劳动合同法看图一点通

LAODONG HETONGFA KAN TU YIDIANTONG

著者/维权帮

经销/新华书店

印刷/三河市国英印务有限公司

开本/880毫米×1230毫米　32开　　印张/6.75　字数/134千

版次/2020年12月第1版　　2020年12月第1次印刷

中国法制出版社出版

书号 ISBN 978－7－5216－1391－9　　定价：29.80元

北京西单横二条2号

邮政编码 100031　　传真：010－66031119

网址：http：//www.zgfzs.com　　**编辑部电话：010－66034985**

市场营销部电话：010－66033393　　**邮购部电话：010－66033288**

（如有印装质量问题，请与本社印务部联系调换。电话：010－66032926）